贝克欧洲史 — 04
C. H. Beck Geschichte Europas

Luise Schorn-Schütte

Konfessionskriege und europäische Expansion: Europa 1500 –1648

©Verlag C.H.Beck oHG, München 2010

Arranged through Jia-xi Books Co., Ltd. / Literary Agency.

封面图片为《路德在讲道》，现藏于Luthers Sterbehaus，Eisleben；

封底图片为《宣誓通过〈明斯特条约〉》，现藏于National Gallery，London。

［德］路易丝·朔恩-许特——著

Luise Schorn-Schütte

欧洲的扩张 与 宗教战争

KONFESSIONSKRIEGE
UND EUROPÄISCHE
EXPANSION:
EUROPA 1500-1648

1500~1648年的欧洲

郭翕慈——译

社会科学文献出版社
SOCIAL SCIENCES ACADEMIC PRESS (CHINA)

丛书介绍

"贝克欧洲史"（C.H.Beck Geschichte Europas）是德国贝克出版社的经典丛书，共10卷，聘请德国权威历史学者立足学术前沿，写作通俗易读、符合时下理解的欧洲史。丛书超越了单一民族国家的历史编纂框架，着眼欧洲；关注那些塑造每个时代的核心变迁，传递关于每个时代最重要的知识。如此一来，读者便可知晓，所谓的"欧洲"从其漫长历史的不同阶段汲取了哪些特质，而各个年代的人们又对"欧洲"概念产生了何种联想。

丛书书目

本卷作者

路易丝·朔恩－许特（Luise Schorn-Schütte），法兰克福歌德大学近代史教授，出版有《宗教改革》《卡尔五世》《露易丝王后：生平和传说》《历史政策研究导论》等著作。

本卷译者

郭翕慈，上海外国语大学德语文学硕士，山东建筑大学外国语学院德语教研室主任。主持省级教研课题子课题一项，主持校级教学改革项目和精品课程建设等，译著（包括参译）三部，论文两篇。

献给

汉娜、安妮－玛丽和约翰内斯，

妮娜和伊丽莎白，

维罗妮卡和尼古拉斯，

佩佩、安娜－洛塔和

安东

目　录

前　言

16~17世纪的欧洲史是一部充斥着暴力的宗教冲突史，一部为了信仰以及抵抗暴力之权利而战的战争史。但它也是欧洲人向欧洲以外地区进行经济扩张的历史。我们从中可以看到殖民统治和宗教不容忍的起源，看到宗教战争的合法化，以及看到在群体冲突背景下思考个人作用时思想与理智的胜出。一方面，人们大可在现代政治辩论中信手拈来，用这些近代早期的发展证明军事暴力的正当性；另一方面，它们也为关于暴力的神学—政治反思，以及由此形成的关于欧洲基本权利的表述奠定了基础。然而，本书绝不仅仅是为了展现"黑暗"的宗教时期已经被"光明"的启蒙运动战胜。相反，其目的是描述近代早期社会所蕴含的独特特征，即它的规范和价值观来自16世纪宗教改革运动以来，宗教和政治重新交融的特定的问题情境。历史学家近几年才开辟了这一视角。它取代了发展思维的视角，根据后者的观念，人类社会的秩序总是向更好的方向、向现代化发展。这一视角的变化赋予了16~17世纪以新的特征和前所未有的价值。它也证明了欧洲大陆具有一种统一性，即尽管所有区域特点各异，但欧洲具有共同的社会、政治和法律基本秩序。

历史学家和读者是同时代人。因此显而易见的是，与20世纪初以国家为中心的研究相比，21世纪初以来对欧洲大陆共同点的关注变得更加犀利。我要感谢跟我讨论这一问题的学生、教职员工和同事，感谢那些激发智慧的辩论。尤其感谢德国研究协会的慷慨资助，他们在为本研究项目谋求适当经费的诸多困难中从未动摇，这些努力本身也恰恰会促进历史学的发展。因为不论是投入研究时间还是投入大型机器设备，无疑都是需要经费的，但历史学更需要前者！

谨将本书献给我的后代。

第一章
序幕：1500年前后的欧洲

　　1500年是"日不落帝国皇帝"卡尔五世（Karl V）[①]的诞生之年。至少当时的人们就是借此称号来描述其丰功伟绩的。卡尔五世强调其"世界性帝国"（monarchia universalis）的延续性，这种统治理念源自中世纪，涵盖了整个欧洲。卡尔五世也因此如钢铁一般意志坚定地捍卫着基督教世界，并调转一切矛头针对在德意志神圣罗马帝国由路德发起的宗教改革运动。与卡尔五世对立的一方是四个世俗选帝侯和三个教会选帝侯（莱茵行宫的普法尔茨伯爵、萨克森公爵、勃兰登堡藩侯、波希米亚国王，以及美茵茨、科隆和特里尔的三位总主教）；这位皇帝对立的另一方是以马丁·路德（Martin Luther）、乌尔里希·茨温利（Ulrich Zwingli）和约翰·加尔文（Jean Calvin）为代表的宗教改革者。文学和历史书籍每每提到16世纪初期，都喜欢将之描述为一个"新的时代"。那么这些宗教改革者就是那个新时代的开拓者吗？

　　与乐于探求新事物的20~21世纪的改良者不同的是，16世纪的政治家和神学家坚信传统的力量。逝去之物总是好的；其复兴的过程蕴含了变革甚至宗教改革的力量。仅此构想就具有巨大的冲击力，因为复兴被推崇的旧秩序可能会极大地动摇现有事物的根基。

---

　　① 也常译作"查理五世"，本书按德语发音统一译为"卡尔五世"。——译者注

当时的大部分学者把 16 世纪视为发生巨变的时代。其一方面在于经济和社会的变迁，15 世纪末的经济衰败行将结束，新世纪为所有社会阶层的几代人都带来了基本的温饱；其另一方面在于宗教意识的觉醒，它由欧洲范围内的人文主义思潮推动，并借由路德的宗教改革运动取得了长足的发展，尽管宗教改革运动并未涉及欧洲所有的地区。

那么在 16 世纪之初，欧洲日常生活的经济、法律、社会和宗教基础是什么？对于当时的人们来说，"欧洲"意味着什么？从地理学的角度来看，"欧洲"又具有什么意义？最终的问题是：当时的人们对"变革的时代"的理解是否与历史学家的判断相一致？

15 世纪末到 16 世纪初的地理大发现之旅抵达了遥远的新天地，把欧洲大陆远远地甩在了身后。这个冲出了欧洲的突进运动有其经济、社会、科学和宗教的动因，并且进展相当迅速。早在 17 世纪初期，非洲、亚洲和美洲就出现了众多的殖民地。为何这种真正开辟了新世界并迅速具有强权统治特征的扩张会始于欧洲？16 世纪之前的非欧洲地区，例如中国和埃及，很早就拥有了这些将世界"欧洲化"所需的技术和科学方面的条件。[1] 可为何偏偏是欧洲迈出了这一步？[2]

1　时间和空间

16 世纪初的地球以和今天相同的速度围绕太阳旋转，但人们对时间的感知却有所不同。对于那个时代的绝大多数人来说，日升日落之间的昼夜轮转决定了日常的作息。因为借此轮转，光线把世间万物联系了起来。所有其他的光源（煤油、石油、蜡烛）都更加昂贵而且必须节约使用。同样显而易见的是，农业社会中的人类融入了四季的更迭，它影响了城乡中人们的工作时长：夏季日长，工作量大，相应付出的辛劳也较多；冬季日短，工作时长也会缩短。乡村里的人们通过简单的日晷来粗略计时，铸造的钟则充当"发声报时器"[3]：它召集集会，发出呼救信号，并且伴随人们直至步入坟茔。除此之外，钟还可以维持城市秩序，因此很多地方（尤其是在大型的欧洲城市）都有一口敲起来最为响亮的惩戒大钟或者城市大钟。它标志着市政或领主的势力范围。有经验的居民听到不同的钟鸣会立即明白"钟敲的是什么意思"[4]。

于 1300 年前后发明的机械表弥补了城市中这种不甚精确的计时方法之不足。鉴于在商业和手工业贸易的发展过程中，人们对精密和准确报时的需求日益增长，机械表的发明的确是一个巨大的进步。15 世纪末期以来，几乎所有的小城市都理所当然地拥有一个公共的城市钟表。[5] 技术研究史把机械表视为与书籍印刷意义同等重要的发明。16 世纪以来，拥有了两个指针的钟表就可以指示小时和分钟了。这种器械需凭借巨大的技术投入和大量的花销才能造出，所以它一开始仅作为议会大楼钟表、塔钟或宫殿钟表出现在王侯或者城市的财产之中，是符合所有者身份地位的建筑物的一个组成部分。只有在实现了可佩戴的小型表技术条件之后，私人才能拥有它。在 16 世纪上半叶，德意志纽伦堡的钟表匠彼得·亨莱（Peter Henlein）发明了有弹簧驱动的钟表。钟表技术终于在 1656~1657 年实现了突破性的创新，尼德兰的数学家和物理学家克里斯蒂安·惠更斯（Christiaan Huygens）发明了摆轮。他和钟表匠萨洛蒙·考斯特（Salomon Coster）共同发明了摆钟，这使得一种十分精确的计时方式成为可能：钟表不再像之前那样每天有 15 分钟的误差，从这时起，钟表的误差缩小到大约 20 秒。[6]

随着这种精确计时的实现，欧洲近代早期社会的时间节奏发生了变化。从前，人们几乎完全以自然规律为导向。到了

12

16 世纪初，机械时钟的节奏占了上风，尽管这一变化过程比较缓慢。钟表的节奏影响了生活的所有领域，在学校、教堂、法院、社会治安等方面的主要规章制度中都可见精确的期限和时间规定。自 16 世纪以来，时钟成了一种象征，它让天地的和谐有序成为创世顺序的写照。因此时钟为较小的社会单位，即家宅和家庭提供了指引；新教神学家约翰·海因里希·阿斯泰德（Johann Heinrich Alsted，1588~1638）将 16~17 世纪欧洲社会这"整栋建筑"比作一个钟表装置。

尽管技术革新促进了计时的系统化，却很难推进以约束整个欧洲为目的的历法改革（Kalenderreform）。相比之下，教宗格里高利十三世（Papst Gregor XIII，1502~1585，1572 年即位）于 1582 年 2 月 24 日在诏书《首要议题》（inter gravissimas）中颁布实施的历法改革尝试则显得理据充分些。[7] 通过添减算法，人们也许本可以弥补儒略历在多个世纪以来不断累积的计时误差。但是直到 16 世纪初，这种误差已扩大至近 10 天，严重阻碍人们确定每年的节庆日。例如，西班牙、葡萄牙、法国和波兰等天主教国家，以及意大利城邦和德意志的一些天主教地区，都无条件接受这一改革；在信奉新教的地区和欧洲统治者那里，这一改革却遭到强烈的反对；而在天主教徒和新教徒混居地区，尤其在神圣罗马帝国的多宗教信仰区域，矛盾不断增加。[8] 1582 年颁布的这项实用的历法调整明确指出，之所以产生多达 10 天的误差，是因为既有的历法是与宗教信仰挂钩的，且有不同的计算方式。这无疑导致了巨大的误会和矛盾，显而易见的是，与宗教信仰紧密关联的历法长时间阻碍了欧洲贸易区间和行政区间的一体化。

直到 1700 年，新教徒才接受了这项经过改革的历法——格里历，并沿用至今。[9] 经济利益和计时技术的革新相互作用，最终使历法调整成为可能。[10] 出于神学动机反对改革并不一定带有明显的党派色彩。在 16~17 世纪的欧洲，回归传统制度的做法也可能是于现实有利的；在本书讲述的这段历史中，大家会一再看到这种情况。[11]

　　近代早期社会的一个典型现象是要对匮乏的物资进行管理、调配。人们不仅很难为不断增长的人口提供充足食物，时间也是很难分配的资源。时间对于近代早期的人类来说是一种紧缺品，40 岁左右的平均寿命要远短于现今欧洲人的平均寿命，所以到了 17 世纪中叶，对时间的体验已经进入超验的范畴，它亦是对生命受到威胁的一种感知。[12] 至少当时能够用写作来表达思想的人们，对于世间价值的虚妄和易逝都很敏感。一个有说服力的证明便是西里西亚诗人 A. 格吕菲乌斯（Andreas Gryphius，1616~1664）因战争经历而写就的作品。16~17 世纪的人们广为流传的对于人类生命周期（Lebenskreislauf）的划分也许就源于此。人类生命的短暂易逝被比作倏忽而逝的一天或季节的轮转。此外，近代早期的市民阶级中首次出现了一种生命阶梯的观念。按物种特性将生命划分为 10 个年龄等级，这也继承了早在古希腊罗马时期就十分常用的 10×10 年或 7×7 年的时间模式。这种源自传统的生命阶梯显示了每个年龄阶段独有的特征，且通常用动物寓言来表达各个阶段的人类特征。

　　生命阶梯的观念一直到 17 世纪中叶都很流行。研究也证实，牛顿（Isaak Newton，1643~1727）的时间概念提出之后，关于时代和历史的认知出现了一个突破：17 世纪末已有人说，历史的变迁和时间的流逝不是一直同步的，过去、现在和未知的未来不过是由具体的事件决定的。[13] 在此前的几个世纪中，所有关于人类生命之流逝的反思都建立在宗教思想之上，且又都蕴含着超验。分配给人类俗世的时间都是有目标的，而这些目标只有在更好的来世才能实现。[14]

14

16 世纪初，欧洲人的视野拓展到了新的地理区域；世界观也得到了扩展和细化。但是大部分人的世界还是太小，局限于村庄、家庭，或城市及其周边的空间环境。人们只在狭小的地域范围内传递日常的信息和新资讯，只有通过朝圣之旅或与漫游者、流浪民族交往才能获得与外界的联系。

16 世纪初的欧洲统治阶层也有了不断扩大交流的可能性，这主要和这一阶层的阅读能力有关。技术革新，尤其是印刷术的发明，使新的通信方式和媒介得以出现。政治地理概念及其变迁，使近代早期的空间感知更为清晰。以"祖国"（patria）这一概念为例，它在 1500 年时既可以表达比邻而居的关系，也可以指稍大一些的聚居地。近代早期欧洲社会并没有一致的地域结构划分，因为统治者各自为政，直到 18 世纪末，封建领地与教区不重合、兵役区与征税区不重合仍是普遍情况。[15]

地理空间是受地理预设以及 / 或者政治条件影响的。16 世纪的三十年战争之后，宗教分裂成为另一个影响因素，不同的圣地和教区层出不穷。教堂尖塔是建筑上的标志，之前提到的教堂钟声是声音上的标志。近代早期欧洲社会的大部分居民都依附于这种受限制的生活空间。尽管如此，迁徙、人口流动和远游仍然存在。随着 16 世纪中叶以来的宗教传播，全新的地域体验出现了。自中世纪以来，出巡一直是统治者行使权力的重要工具。然而，从 16 世纪初开始，欧洲各大贸易城市的富商开始建立对外贸易关系网络，从而减少了统治者的出行活动。这种经济的扩张方式在未来几个世纪也在政权空间中得以贯彻，统治者不再驾临，而是委派代表——官员——现身。

16 世纪初的社会精英存在关于"欧洲"的地域概念吗？是否有一个地理上可辨识的"欧洲"形象，还是说欧罗巴仅仅是一种理念，是一个神话传说？

当时的人们在地理轮廓方面已经准确地命名了欧洲这一

地域概念。它的主要特征是，大陆地区占主导地位，此外它还拥有众多岛屿和形态丰富的海岸线。与地球其他地区不同，人们赋予了欧洲突出的形象：制图学家塞巴斯蒂安·闵斯特（Sebastian Münster，1488~1552）所著的、1588 年在巴塞尔出版的《万国宇宙志》（*Cosmographia universalis*）第二版中，欧洲大陆以女王的样貌出现，非洲和亚洲作为小的陆地被挤到了角落（见图 1）。

在整个近代早期社会，欧洲以女性的形象位于世界中心并统治世界的这一传统构想并没有改变。[16] 在显示领土划分的地图集中，区域的边界越来越明显和精准。这是否标志着民族区域的产生，历史学家对此一直存有争议。同样尚无定论的是，16 世纪初期是否已存在"民族"偏见。[17] 彼时人们常能体会到地域差异——士兵的描述尤其反映了这一点；其中，最著名的例子就是《黑色传奇》（La Leyenda Negra），它谴责了西班牙人的残暴性。

历史学家可以通过特有的历史—政治因素来命名这些地理区域的行政单位。[18] 它们自古代和中世纪起就交织在一起，16 世纪初期以后，轮廓变得更为清晰。种种影响因素中，我们首先要提到基督教，它强有力地塑造了欧洲文化，发挥了独特的作用。正因为宗教改革（1517 年）后的宗教分裂，基督教按地区特性建立了新的边界，但在相互划界的过程中也使同一宗派的力量得以集中、壮大起来。以教宗为首的天主教会坚持自己拥有普世权力。人们还援引《圣经》，以基督教传教使命的普世意义为依据，证明欧洲扩张是合法行为。尽管 16 世纪中叶以来，宗教分裂日益加剧，但对于当时的人们来说，基督教的统一性还是在"基督教世界"（christianitas）和"基督教共和体"（respublica christiana）的概念中保留了下来。人们用这两个概念来标记政治意义上的"欧洲地域"。据马基雅维利

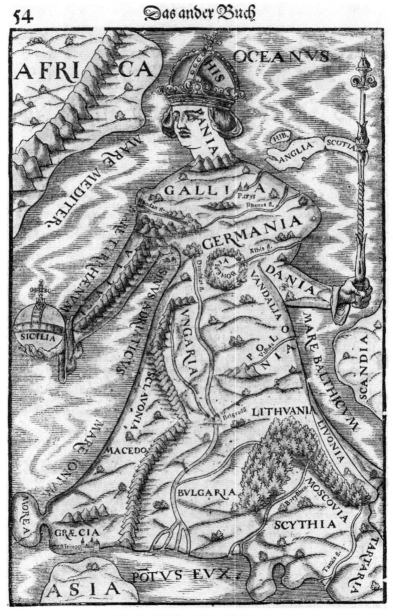

图 1　闵斯特《万国宇宙志》中的欧洲

（Machiavelli）所述，在抵御诸如土耳其的"专制的庞大帝国"（despotische Großreiche）时，教会当权者和欧洲共和体联合在一起，主张无专制暴政的政治自由。因而尽管经历了宗教分裂，但"欧洲"这个词已有政治化的意味，它对外象征着统一。所有宗教派别在 16 世纪中叶都把欧洲当作"基督教世界"的代名词。它出现在大众传播、文学，甚至商人的日常用语之中，并且直到 16 世纪末期都很盛行。[19]

其次，统治关系也是一个不可替代的因素。它建立在土地分配的基础上，并因此形成统治者和被统治者之间相互的权利义务关系（即采邑制，德文写作 Lehen，拉丁文写作 feudum），渲染了欧洲的历史与政治底色。所以，基于财产所有权的不同而产生的自由和非自由的对立，正是所有统治秩序的基本准则。经济准则和道德准则共同服务于统治结构。因为领主对臣民应尽保护义务，而臣民应向领主献计献力；两者又应共同臣服于一位堪配其位的君主（einem gerechten Herrn）。

统治群体与被统治群体之间的关系准则经常引起争议。16世纪初的欧洲存在两种权力主张，二者相互竞争：一种是贵族、教会和市民，以及某些地区（例如蒂罗尔、东弗里斯兰、瑞士联邦）的农民阶层的参政诉求；另一种是为了遏制这种分权倾向而把统治权集中在高级贵族家族手中的要求。这种统治权之争在 16 世纪 30 年代以后，于宗教分裂过程中获得了新的动力，原因是人们的信仰归属赋予了他们各自的政治立场以额外的合理性。这一发展并未导致宗教和政治的分裂，反而使特定教派各自迎来了新的融合。

很难确定 16 世纪初的人们对推动欧洲统一的这些政治—历史因素有多少了解；20 世纪末的历史学家试图将其归纳为一种"欧洲世界观"（europäische Weltanschauung）。[20] 如今的研究虽然表述有所不同，但并不否认这种归属感。

19

2 经济、法律和宗教信仰

经济、社会、法律和宗教方面的共性奠定了 16 世纪初欧洲的具体形态。这一论断是正确的，因为它恰恰承认了丰富的地区差异性，正是这一点塑造着欧洲彼时的模样。现今的历史学家重视东欧、中欧和西欧之间的联系，而甚少再提及欧洲各地特殊的发展道路。

1500 年前后的欧洲经济和中世纪一样，主要受农业影响；最多只有 10% 的人口居住在城市中。乡村中除了自成体系的农民阶级，还生活着低等级和高等级的贵族（Adel），后者主要包括生活在宫廷或自己封地上的上层贵族。而住在城市中，享有公民权利和负有公民义务的是市民阶级（Bürgertum），但其在欧洲各地具有极大的差异。他们和贵族、农民的不同之处在于，市民不依赖农业，而是从事手工业和贸易。商人和手工业者组织的行会、行帮和同业公会等是他们的基本组织制度。这些联合组织并不单纯是职业协会，而是涵盖所有生活领域、监控日常生活和生产并且提供社会保障的组织。

16 世纪初，欧洲经济已经经历了一个长期、持续的繁荣发展阶段。这一点可以从人口发展变化，以及欧洲贸易增长并逐渐发展为世界贸易中看出，所以历史学家们也把 16 世纪称作一个"长世纪"（das lange Jahrhundert）：经济的繁荣开始于 15 世纪后几十年并一直持续到 17 世纪前期。16 世纪初期以后新的人口增长可以弥补 15 世纪末期由瘟疫导致的人口减少。这显示了近代早期资源稀缺型社会的人口机制，即人口增长和饥荒时期交替出现。一旦粮食歉收导致食品供给减少，食品价格就会暴涨。食物供给不足会使人们的身体变得虚弱，同时更容易产生疾病和流行病，结婚率下降，出生率随之下降，几年之内人口便下降了。这听起来也许很残酷，但是死亡率上升对未来几年的人口增长是有积极作用的。与正常情况下相比，宫廷和手工作坊的工匠师傅的岗位空出了许多，组建新家庭也因此变得更容易，结婚年龄会下降，从而又提升了婚姻生育能力。[21]这一系列的相互关系，被称为前工业社会特有的繁荣景象，[22]它也可以解释，1600 年前后欧洲人口和商品贸易均有较大增长的原因。在近代早期资源匮乏的社会里，维持生计的余地是有限的，粮食产量的提高也有限。自 16 世纪初期就不断增长的人口促进需求的增长，这也拉动了某些生活必需品（如肉类和谷物）的价格上涨。也正因为人口增长，对劳动力的需求在一段时间内趋于饱和，并且薪酬降低。这两者也必然会把近代早期社会引向下一次物资匮乏的危机。统计数据显示它会发生于 17 世纪中叶。

16 世纪初期经历新一轮增长的首先是城市里的手工业生产，其次是农业和远程贸易。地中海区域成为主要的贸易中心。欧洲重要的贸易线路在这里交会，这些贸易线路不仅连接了大型商贸城市，还连接了欧洲的东部和南部地区。从威尼斯和佛罗伦萨出发，跨过南部的奥格斯堡和纽伦堡，经过科隆直到东北部的汉堡、吕贝克和但泽，贸易之路由此贯通起来。在这些道路上，以农业生产为主的东北部地区和以手工业生产为主的西南部地区互通有无。与此同时，波罗的海也成为第二个不容忽视的贸易区。直到 16 世纪的前几十年，波罗的海和北海的商人组成的汉萨同盟（Hanseverbund）一直主宰着这里的贸易。欧洲内部划分为以农业为主的东部地区和以手工业为主的南部地区，这一分工加强了城市作为贸易和手工业中心的作用。

22

社会阶层三分法的原则也是有例外的。比如在波兰，低等贵族［施拉赤塔（szlachta）］人数可观，却没有强大的市民阶层。与之相反的是尼德兰地区，贵族不仅在数量上不占多数，而且在政治领域中也受制于富有的市民阶层。但是绝大部分欧洲居民的生活还是遵循由贵族和农民（即农业人口群体，占总人口的 90%）主导的社会秩序。

表 1　欧洲有关地区人口中的贵族比例

国家	比例
法国	4%~5%
神圣罗马帝国	1%~2%
西班牙 （卡斯蒂利亚）	5% （7%~8%）
波兰	8%
匈牙利	4%~5%
葡萄牙	4%~5%
普鲁士	1%
英格兰	1%~3%
俄国	1%

注：沃尔夫冈·赖因哈德（Wolfgang Reinhard）在评论波兰和卡斯蒂利亚贵族的高比例时谈道："波兰和卡斯蒂利亚的这种平均水平是区域高度集中化发展的结果（……）在波兰马佐维亚（Masowien），它占到 27%（……），在卡斯蒂利亚北部，贵族的比例在巴斯克的某些地区达到了顶峰，所有人都声称自己拥有贵族地位。"（Reinhard, Lebensformen, S 316f.）

　　所以在封建领主土地所有制（Grundherrschaft）形式中，贵族与农民之间的权利关系也是一个关键要素。它形成了大部分人口在经济、社会、政治以及宗教方面的相互关系。

　　什么是封建领主土地所有制？它诞生于中世纪早期，是教会领主或贵族领主与在土地上劳作的农民（田户或佃农）之间所形成的经济、政治和社会上的联系。封建领主土地所有制具有等级—领主制结构，它并不是松散的联盟关系。领主必须确保向佃农提供庇护，佃农也相应向领主交付部分土地收成。此外，佃农也被免除了兵役。从 15 世纪末期起人们便可以观察到，讲求忠诚和奉献的封建领主土地所有制存在着"去个人化"的趋势，这使农民在政治—经济方面的自由程度也似乎有所改善。由于社会结构的变化，这一阶段在 16 世纪初期很快就结束了。此时的欧洲以易北河为界发生了分裂：虽然农民的自由程度随着经济发展有所提高，但西欧的封建领主土地所有制还是得以保持。而在东欧，由于佃农依附程度不断深化，这种制度升级为地主制形式（Gutsherrschaft）。这一发展在研究上被称为"再封建化"（Refeudalisierung）。需要强调的是，它并不是简单的"历史重演"，而是基于新的分工形式：东欧向西欧的庞大消费中心（例如尼德兰地区和莱茵河流域城市群）输出牲畜和粮食作物。这个意义上的输出地区除了勃兰登堡边区和波兰，还包括立陶宛、俄国、乌克兰和匈牙利。作为重要出口港的但泽也从这时起迎来经济繁荣。

自中世纪早期以来，已有法律规定欧洲社会阶层的划分方法：每个人生而属于某个固定社会群体，其通常没有能力摆脱这个群体。所有的社会等级又分为三部分：有人祈祷，有人作战，还有人劳作［拉昂的阿达贝罗（Adalbert von Laon），1025 年］。到了中世纪晚期，一种独特的分类系统已然形成：贵族是政治阶级 / 战斗者（status politicus / bellatores），僧侣是德训阶级 / 传道者（status ecclesiasticus / oratores），农民（自 15 世纪末期起，市民也包括其中）是经济阶级 / 劳动者（status oeconomicus / laboratores）。每一个阶层都被赋予特殊使命，对应着各自应承担的社会功能。这一观点从 11 世纪一直到 17 世纪都占主流地位，并且保障了古老欧洲的延续性。虽然在 16 世纪初期发生了初步的变化，但并未触及其核心的等级制度：一方面，等级内部具有流动性；另一方面，各等级之间互不融通。

1500 年前后的等级制度是按社会地位和政治因素划定的。欧洲古老的社会等级团体还推选出政治代表参加欧洲各地区等级代表会议，这反映了欧洲特有的一种现象，即地方力量可以

24

参与统治。在 16 世纪初期，参与这种等级代表会议的有僧侣、贵族和市民阶级，在个别地区（蒂罗尔、瑞士、东弗里斯兰地区）也包括农民。作为宗教改革运动的结果，这种组合形式自 16 世纪中叶发生了根本的变革。因为宗教改革者的中心诉求就是政教分离，它首先以在新教区域内废除等级代表会议里的罗马教廷代表的方式表现出来。

　　1517 年的宗教改革运动以维滕贝格神学教授和奥斯定会教士马丁·路德（Martin Luther，1483~1546）发表《九十五条论纲》为开端。其结果是让长久以来对教会政治功能以及僧侣耽于俗事的不满爆发为公开批评。自 15 世纪以来，改革运动一直存在，其中包括对青少年时期的卡尔五世影响颇深的现代虔信派（devotio moderna）。马丁·路德宗教改革的势头在 1520 年后的二十年里导致了基督教世界统一的结束，这着实是一个划时代的转折。近几十年的研究［比如贝恩德·穆勒（Bernd Moeller）的结论］强调，彼时的教会危机不同于 1500 年前后的虔信危机，相反，我们可以看到信仰活动、宗教仪式和游行活动大为增加，虔诚的捐献也不断增多。中世纪末期的人们对基督教极其虔诚，基督教因宣扬在人世苦海尽头的美好世界而被视为一种救赎的神学。马丁·路德的宗教改革神学理论正是与世纪之交的这种以善行乐施来获得自身救赎的虔信主义相关，同时却批判当中的世俗倾向。虔信的程度不需要改变，需要改变的是其方向：路德的一条中心论纲就是，每一位教徒因信称义，这使得赎罪，亦即以善功得救（Werkgerechtigkeit）变得多余。

第二章
国王作为"一家之长"？
——宪法和社会秩序

　　自中世纪以来，等级制度就是欧洲社会和政治的基本准则，这一点直到18世纪中叶才有所改变。等级制度的延续性影响了社会制度和政治制度。每个人生于哪一个社会等级，之后便一直在这个等级当中，往往无法在不同社会等级之间流动。

　　造物的秩序寓于社会等级制度之中，赋予其跨时代的、神学—政治方面的合法性。中世纪的神学和政治哲学理论便已将一家之父和一家之母视为等级制度的核心。他们作为父母的职责（从第四条戒律角度来看）是以圣父为典范的。从这一点出发，也就引出了关于基督教统治作为好的统治方式，具有何种合法性及基本形式的广泛讨论。由于宗教改革的政治影响，这一统治方式在16世纪不断地得到加强和深化。其关键理念是，国王应作为"一家之主"，提供庇护，并在制定重大决策时得到他的"家庭成员"，即臣民的服从和建议。这种理念常常在日常政治中招致猛烈的抨击；世俗当权者，不管是高级贵族、贵族地主，还是市民阶级的城市议会，均要求得到以集中权力为目标的、更广泛的统治权。自然，这在他们有权参与的各个层面（无论在地方还是城市）都激起了矛盾。16世纪欧洲各地都存在两种相互对立的统治形式：一种是高级贵族和参与统治的所有政治等级之间趋于平等；另一种是由单一统治者实现权力集中化。二者都援引传统的家长制模式证明自己的主张具备合法性，我们可以称之为"辩护叙事"
（Rechtfertigungsnarrativ）。[1] 直到三十年战争末期，这一矛
盾仍悬而未决。

1 欧洲等级制度：贵族、市民和农民

社会等级制度是由一个个层级构成的（hierarchisch）。
人有高低贵贱之分是其基本原则，甚少受到质疑。但是对等级
地位、贵族阶层和统治者的批判同样是合法的，人们总能在文
学、艺术和科学作品中看到。因为统治也意味着施政者要承担
义务。统治者是否履行自己的义务会受到监督，他人有权对怠
政的现象进行批评。但是各个阶层之间的对立关系也伴随着时
代而发展：在造型艺术和文学作品中，经常出现对庸俗的僧
侣、粗鲁的贵族和愚蠢的农民等经典形象的批判。这种对立有
可能引发暴力冲突，16 世纪和 17 世纪的等级社会便充满了不
安和矛盾。

贵族阶级

整个欧洲都存在过作为特权阶级的贵族。近代早期，贵族
性表现在出身、传统、家族声望以及君主的认可或册封上。[2]
一种特殊的伦理道德和引人注目的生活习惯与之紧密相连。这
种联系在英格兰绅士（gentry，低等贵族）那里尤为典型。他
们只拥有少量的法定特权，但是他们对于贵族阶级的归属感源
于他们的贵族精神和生活方式。[3] 欧洲范围内的贵族几乎都拥
有免除直接缴税的特权，此外他们还有权购置符合贵族身份的
田产，但是同时期的市民阶级则不被允许这么做。这种庄园产
权往往跟行使某项统治权（比如对奴仆的判决权和参加地方等
级代表大会的权利）联系在一起。贵族通常有权担任一定职位

和履行某些义务（如 17 世纪以来的军官职位或大教堂教士咨议会中的很多领俸职位）。最终，部分欧洲地区的贵族拥有了额外的裁判权，并且独占狩猎权，这些构成了贵族与市民之间永恒的屏障。

在数量上，贵族阶级占总人口的比例最小，通常只有 1% 左右，在西班牙和波兰，贵族所占的比例也只有 5%~8%。但有一个例外是在英格兰：奉行长子继承制的严格的世袭制度，使高等贵族（peers）的数量局限于少数家族（比如 1640 年只有 140 个家族）。只有他们有权位列上议院。占人口 1%~3% 的低等贵族（gentry）中，大部分人只能进入下议院，他们和富有市民阶级之间的界限是流动的。

不只在英格兰，在欧洲其他所有地方的贵族阶级内部都存在差异，是一个不均质的群体。不同的贵族阶层存在截然不同的概貌，因为对于何者属于这一社会群体，判定标准是五花八门的。社会声望和经济富庶自然是紧密相关的，但收入减少并不一定会降低贵族的身份地位（例如在英格兰就不是如此）。几乎在任何地方，贸易活动和贵族身份都被认为是互不相容的。[4] 除了"血统贵族"（noblesse de race，被证实出身足够高贵）和"穿袍贵族"（nobless de robe，通过购买官职而成为贵族，主要见于 17 世纪的法国），从经济角度来看，在欧洲范围内存在五种贵族集团。[5] 第一集团是"天生的贵族"（die Gruppe der eigentlichen Aristokraten），其中除了英格兰的勋爵和西班牙的大公（由 16 世纪初西班牙国王赋予特权的 25 个家族构成），还有法国的宫廷贵族，德意志的帝国诸侯（在帝国议会中有一席之地的皇帝、选帝侯、公爵、侯爵和伯爵）以及波希米亚、匈牙利和波兰—立陶宛的大贵族。第二集团是由区域精英构成的"富庶贵族"（der reiche Adel）。第三集团则是由地方精英构成的贵族。大部分的普鲁士容克贵族和法

30

国的地方乡绅属于第三集团，他们拥有自己的农庄或者城市房产。比起第三集团，第四集团的贵族拥有的地产较少，生活较为简朴。而由"卷心菜容克"（Krautjunkern）构成的第五集团贵族则因为资金匮乏而不得不过着与身份不符的生活。德意志帝国就是同一统治秩序下可以有不同贵族阶层概貌的佐证。那里生活着帝国贵族和在领土范围内也有政治参与权的乡村贵族，他们并不总是和睦相处。

从 16 世纪的前 1/3 开始，因反对其他社会群体崛起而将贵族阶级与之隔离开来的趋势越来越明显。在所有高等贵族采取这一策略并取得成效的地区，附庸其下的低等贵族也乐于接受该策略（比如英格兰和巴伐利亚地区）。就连认定贵族的程序也从 16 世纪中期开始有所变化。之前人们会自行采用非正式的、约定俗成的协商方式宣布成为贵族成员。到 17 世纪末，这一方式在欧洲大部分地区逐渐改变。由国王作为一切合法性的法律依据来进行册封代替了贵族之间的约定。贵族阶级的特征因而有了根本的转变：以法律为依据的统一准则代替了贵族社会自有的非正式守则。

因为意大利缺乏监督执行这一准则的中央权威机关，自 16 世纪晚期以来，马耳他骑士团（der Malteserorden）承担了这一职责：想要加入骑士团的人，必须证明其家庭的贵族身份至少已有 200 年历史。这在有贵族资格的城市上层社会和余下的意大利市民阶级之间划定了一条严格的界线。大教堂教士团为德意志的天主教贵族承担了相应的职责：必须凭借统一的、受法律认可的一系列标准来判断某人是否拥有贵族地位。这一规则虽然在新教地区执行得稍微宽松一些［比如与市民家族通婚，并不总是算作门不当户不对的婚姻，（mealliance）］，但当时的人们仍致力于维护古老贵族家族的重要政治功能。这些变化的结果是，这一时期的欧洲大部分地区形成了判定贵族地位的一系列明确的法律标准。只有波兰（波兰国王在 17 世纪中叶失去了册封权）和英格兰是例外：绅士阶层不用严格执行这些法律准则就可以获得贵族头衔。自从 1660 年英国王权受到限制，这些标准就不再过多地受到关注。显然，英国社会中为隔离贵族阶层与下层社会而制造的微妙的等级差异与欧洲大陆社会为此目的所采用的法律规范一样有效。⁶ 与这种社群隔离并行的是，欧洲社会大多通过册封和爵位晋升来对贵族阶级实现某种程度上的自上而下（von oben）的改变。对此当然也存在反对意见，这在 16 世纪末的法国尤为盛行。法国的高等贵族甚至宣称自己是不同于"其余"法国人民的自成一派的民族。

　　贵族是统治阶级（Herrenstand），这意味着他们有权得到并行使政治统治权。他们旨在获得相应的地位，并借此来控制和限制中央权力。直到 17 世纪中叶，这种地位首先意味着要在等级制中占得关键的位置，即宫廷要职、天主教会中俸禄丰厚的教职以及中间统治阶层的身份地位。⁷

　　政治权利依附于土地所有权。因为欧洲贵族一直生活在自己的领地里，所以在通常情况下，他们与大部分依附于自己的农民有一种非常直接的关系。德意志的土地和庄园、法国的领地（Seigneurie）及意大利的贵族领土（Signoria terrtioriale）内便是如此。我们也可以把贵族和其附庸农民之间的这种关系视作一种父权制关系：耕作于领主土地上的农民有义务完全忠诚于领主；同样，领主也要对其履行救济的义务。这包括限制贵族的财产权，还包括面临危险时提供急救和庇护的道德义务。直到 17 世纪中叶，对贵族来说，这一准则事关荣誉，所以他们会无条件地遵守。尽管如此，日常生活中贵族领主和依附农民之间仍会出现紧张关系，在某些地区，这种紧张关系可能通过形式上的调控（仲裁程序、司法裁判权）而有所缓和。

经济变革的时代总是充满矛盾的。在"长 16 世纪"中，鉴于人口的新一轮增长，土地领主更倾向于限制农民的自由迁徙：自由劳动力有损贵族在市场上的收入。在欧洲中东部的某些地区，贵族凭借其政治执行力而制定的严格的利益政策，导致了农民继承权的受损。研究中将此称为"第二农奴制"（zweite Leibeigenschaft）的建立。西欧的发展方向则截然不同：农民的财产继承权甚至得到了强化。因为这里的大部分贵族地主不能亲自经营土地，市民和农民有机会成为土地的共同所有者；地方的参与权也得到了加强。16 世纪初期，在那些地方传统不断增强的地区，比如西班牙，这一现象非常明显。16 世纪中期以来，很多地方的富裕市民群体成为贵族权力的对抗力量。

等级社会提供了一种等级森严的秩序。它首先体现于政治范围内。基本在欧洲的所有地区里，贵族作为一个团体都有权参与统治，这一权力是通过参加等级代表会议加以行使的。15 世纪末到 16 世纪初，这样的会议才建立并成为固定机构，在此之前，土地领主们对于是否召集会议有很大的裁量余地。16 世纪初期，除了僧侣和贵族，来自城市（德意志）以及 / 或者农村地区［英格兰的郡（counties）、匈牙利的行政区县（komitate）］的其他等级代表也参与进来。

虽然贵族和等级代表们持续参加这种会议，但是他们之间的关系一直到 17 世纪中期以后都矛盾重重。比如在 16 世纪中期的德意志，贵族脱离了国家疆土的限制，建立了特有的帝国骑士集团，其结果是，比如在法兰克地区和中北莱茵地区的帝国骑士集团不再参与所属领域内的等级代表会议。西班牙也有类似的情况。在 16 世纪末的法国宗教内战中，全体等级大会［三级会议（états généraux）］发挥了重大作用；在几十年以后由高等贵族控制的反对运动——投石党运动（die Fronde，

1648~1650）中，它已经失去了政治影响力。不过，低等贵族
要求在省级地区复兴这种等级代表会议的呼声却蔓延开来。

　　从 16 世纪中期到 17 世纪中期，以贵族阶级为主导的等
级代表会议的政治作用是千差万别的，因此不能一概而论。既
不能说其在 17 世纪上半叶走向没落，也不能说贵族阶级占有
优势地位。[8] 反而要从其作用及其制度化形式方面来比较、评
估。以直到现今都被公认为"专制主义避难所"（Hort des
Absolutismus）的勃兰登堡—普鲁士为例，我们可以看到在不
同时期，各等级参与政治的程度有很大不同，例如 17 世纪和
18 世纪早期是"潜隐"的阶段（Latenzphase）[9]，于是很快，
人们又忆起贵族阶级有权参政、富有政治影响力的岁月。

　　为了更好地体会其间的差异，我们有必要了解一下 16 世
纪末至 17 世纪上半叶欧洲各地贵族阶级不同的概貌。在哈布
斯堡王朝控制的地方、波兰、德意志和部分北欧国家（例如丹
麦），君主和各等级之间的矛盾尤为尖锐。在中东欧国家，君
主的地位相对较弱，各等级代表的地位一直到 17 世纪上半叶都
更为强势。例如波希米亚在 1620 年之前一直是贵族占主导地
位。这一现象在白山之战（Schlacht am Weißen Berge，1620）
之后的波希米亚、匈牙利以及哈布斯堡王朝统治的其他地区有
所改变。而尽管波兰、丹麦、德意志以及英格兰的政权组织形
式各有不同，但它们的君主和各等级之间的对立却持续到 17
世纪末以后。

　　我们可以从国家组织理论的角度来看这些国家的共同特征。
波兰和德意志帝国一样，都是选举君主制国家。在当时被称为
混合君主制（monarchia mixta）的组织模式中，贵族统治元
素和君主统治元素交织在一起：君主面临所有等级的挑战，后
者构成了一个与之有着同等权重的集团。皇帝或国王是国家伟
人之一，由帝国政治体或瑟姆议会（Sejm）选出。虽然国王头

36

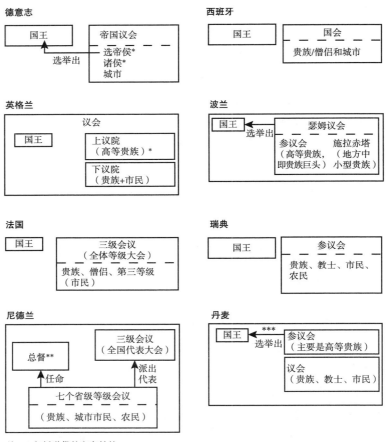

注：* 包括世俗的和宗教的。
** 来自奥兰治家族的总督迅速获得了主导的、准君主的地位。
*** 自1660年或1665年以来，国王的统治不受限制，王国参议会和议会被解散。

图 2 欧洲主要国家的等级代表大会

衔在英格兰是世袭的，但是英格兰也被认为是混合君主制。当时的人们显然把英格兰国王／女王视为"议会中的国王／女王"（king/queen in parliament），由此也视其为议会中贵族集团[贵族政治（Aristokratie）原意就是由最杰出的人来进行统治]的"第一元老"（primus inter pares）。

　　对于如何确定 16~17 世纪君主和各个等级之间矛盾重重又往往争议不断的相互关系，亚里士多德的政权体制理论是一个有所助益的标准。根据这一理论，混合君主制、君主制和贵族制不分高下，都是合法的政权组织形式；在富有的大城市、汉萨城市或帝国直辖市里（比如锡耶纳、奥格斯堡和吕讷堡）的市政大厅，以及宫廷的礼仪大厅里，都有艺术作品将这些统治形式描绘成理想的、好的统治（其中后者也反映了贵族的自我认知）。

　　王朝塑造着君主制政权的体制；与之相对的是，当时的人们把贵族政体"等同于"共和政体，也就是等同于一个长期或部分时期内君主制强权缺失的政体。16 世纪到 17 世纪上半叶的德意志帝国城市、瑞士联邦、尼德兰地区、意大利城邦以及某一特定时期的英格兰因此都可被视为贵族制政权。君主制政权

38

图 3　贵族制政治寓意图

有法国、西班牙、葡萄牙、瑞典、奥地利—匈牙利，德意志领地如巴伐利亚、符腾堡、萨克森、黑森、图林根、勃兰登堡—普鲁士，等等。在近代早期社会，贵族／共和制可以在君主统治和等级参与，以及贵族统治和地方自治之间保持平衡。在实行君主中央集权制度的国家，君主政体的特征就是等级参与权被压制，各方面的平衡失效。[10] 从否定的角度来界定，共和制就是"不具有君主制特征"的统治形式。在这里，各个等级保留了重要的参与统治的权利，并经常通过援引共和美德来表现他们的自我形象。不过，那些经常被提及的、广泛存在于决策者中的反君主制思潮，虽然在波兰、尼德兰和许多德意志帝国直辖市出现过，但并不存在于瑞士联邦和意大利城邦之中。

　　尽管存在贵族／共和制国家和混合君主制国家，但是介于宗教改革和三十年战争之间的欧洲各国主要还是君主制国家。这是否意味着这些国家也是君主专制国家呢？在过去的 40 年里，"专制制度"（Absolutismus）这一名词被反复地审视和质疑，在最近的争论中甚至被当作一个迷思（Mythos）。[11] 19 世纪时，

图 4　君主制政治寓意图

"专制国家"（der absolute Staat）仍被视为欧洲主权国家民族统一过程中理所当然的起步阶段；到20世纪60年代以后，对于"专制主义中的非专制性"（der Nichtabsolutistische im Absolutismus）的研究则表明，这些概念需要更明确的辨析。[12]研究结论一方面承认各个等级对于政权制度发展的重要性，另一方面也认识到尽善尽美的国家并不存在。所谓专制政权的政府管理能力和立法效力也比之前的研究所认为的要低得多。在乡村和城市层面，很多内容都未能生效。因此历史学家们对"专制主义"这一术语的代表性表示怀疑，甚至建议放弃使用它。[13]

　　综上所述，直到三十年战争之时，这三种政权形式都并存于世，当时的人们也认为这是理所当然的，那种必须发展为君主制国家的强制性并不存在。集权和分权之间的对立一直是所有宪法争论的关键，而它也很容易演变为权力之争。所以当时的政治理论主要争论的问题是：合理的政权组织形式是什么？对此，传统的回答援引十诫中的第四条，证明实施统治是父亲的职责。① 这是受《圣经》规范约束的。用20世纪"现代"国家政权标准来评判当时的观点，并且将其贬低为传统主义，是整整一代历史学家所犯的错误。

市民阶层和城市社会

　　16~17世纪，市民阶层和城市相互依存。只有公开进行市民宣誓的人，才有权在城市中从事手工业和贸易活动。只有宣誓能让其在法律意义上成为市民并承担义务和享有权利。市民的义务是纳税和受到袭击时保卫城市，权利是参与议会选举。

---

① "当孝敬父母，使你的日子在耶和华你神所赐你的地上得以长久。"（《出埃及记》20：12，《申命记》5：16）马丁·路德在《小教理问答》中解释道："我们应当敬畏并热爱上帝，以致于不轻蔑或惹怒我们的父母和其他掌权者，却要恭敬、服事、顺从、热爱、尊敬他们。"——编者注

早在中世纪之时，城市就构建了区别于周围村庄的自己特有的辖区；直到 18 世纪，这一现象在欧洲历史中都十分典型。此外还有独立的司法裁判权和协作式自治，后者是一种委员会式的议事制度，成为欧洲政治制度的中心组成部分。在中世纪早期，自治最初产生于北意大利和弗兰德地区的城市群中。面对世俗和宗教的城市领主，这种特有的自治在西欧和中欧也得以推广。到 16 世纪，自治城市不断增多，这使得城市市民也可以出席帝国议会和等级代表会议，他们构建了自己的阶层属性。法国的例子就十分典型：城市代表在三级会议中被称为 tièrs etat，即第三等级，并列于业已存在的两个政治等级——贵族和僧侣等级。东欧和东南欧的城市自治发展较慢。德意志也存在一些相当独立的帝国直辖市，它们以皇帝为城市的主人，相对于周围的诸侯国，可以广泛拓展自己的政治活动空间。这些帝国直辖市多位于德意志的西部和南部。

城市存在于所有的欧洲国家之内，但城市的大小、密度和覆盖的广度却千差万别。在 16~17 世纪，生活在城市的人口约占欧洲总人口的 10%；尽管如此，这些人文气息浓厚的中心地带仍然孕育着巨大的活力。1500 年，人口过万的城市仅有 145 个，到 1600 年已提升到 220 个；其中不乏那些早期的大型城市，例如安特卫普、罗马、伦敦和巴黎。巴黎的居民数量成倍增长，从 1500 年的 10 万人增长到 1600 年的 20 万人。[14] 激发这些活力的原因除了在"长 16 世纪"人口不断快速增长，还包括作为经济、社会和文化中心的城市对当时的人们具有巨大吸引力。城市的主要特征与其大小无关，而与其多样性息息相关。它包括生活的多样性，也包括经济的多样性，并且体现在对周边地区的经济功能上。

与中世纪一样，城市生活中最活跃的仍是商品贸易和手工业。较早研究中所谓的城市衰落的说法并不准确。16 世纪末，城市面貌不断发生变化，贸易的中心由地中海区域转向大西洋沿岸。这是欧洲开始扩张的结果。意大利城邦首先受到了不利的影响，因为其逐渐丧失了重大的政治经济意义，也因此失去了财富。取而代之的是，尼德兰城市群的地位不断上升（其中包括阿姆斯特丹）。早在16世纪初期，荷兰省就已成为欧洲城市最密集的地方，这一态势持续到17世纪中叶。15世纪末就已在地中海贸易中扮演重要角色的西班牙城市群也获得了同样重要的地位。到16世纪末，西班牙城市群在大西洋贸易中已经占有很大份额（其中包括塞维利亚），其经济实力保障了西班牙城市在未来好几十年的合法自治权，直到城市动荡［公社起义（comuneros）］中的失利极大地削弱了西班牙城市群的实力，从而使国王在16世纪中期得以限制其特权。法国城市和英格兰城市都没有实现像德意志、意大利和尼德兰地区的城市那样典型的自治。在16世纪，法国王室和市民阶层之间紧密的经济关系增强了市民阶层的政治影响力。英格兰低等贵族和从事商品贸易的市民阶层之间的合作在欧洲史上则是一项特例。因为他们共同进入下议院，所以彼此之间形成了一种包括政治方面的合作关系。此外，城市在法律上往往属于某个郡，所以自治委员会是在郡的层面上，而非城市区域内发展起来的。

欧洲北部和东部城市数量明显较少，市民阶层的重要性也相应较低。直到16世纪，德意志汉萨同盟的优先地位阻碍了斯堪的纳维亚半岛地区本土商人团体的形成。直到汉萨同盟解体，瑞典贵族才接管了自己产品的营销。挪威的城市也从那时起受王室管辖，那里没有形成一个独立的城市自治政府。波兰贵族共和国的三个城市——但泽（Danzig）、埃尔宾（Elbing）和托伦（Thorn）——在普鲁士王国范围内拥有自治程度非常高的特殊地位。城市自治、城市权利和一个有自我意识的市民阶层，这些要素在16世纪初期以后发挥起越来越重要的作用，以至于这些城市后来能向波兰瑟姆派出代表。在俄国，大部分城市反而仅仅承担为周边地区提供给养的功能。在俄国也有城市自治和城市权利，但这仅仅局限于西部地区。16~17 世纪的俄国并没有形成一个有自治意识的市民阶层。

手工业者和商人从内部影响城市的生活。凭借 16 世纪中叶以来海外贸易和跨地区的贸易往来所创造的盈利，很多城市积累了大量的资本，主要是那些具有影响力的大型贸易家族所在的城市。这些家族活跃在国际商品市场和金融市场上。15 世纪末，意大利商人占据市场的主导地位。随着 16 世纪的发展，市场的领导权转交到法国和德意志的富商巨贾手中，最著名的便是奥格斯堡的富格尔家族（Familie Fugger）。在 1545 年，他们是欧洲最富有的银行家。1519 年，雅各布·富格尔（Jakob Fugger，1459~1525）富有到能够借给西班牙国王卡洛斯一世（Karl I，1500~1558）① 大约 60 万古尔登金币以资助他在选战中获得皇帝桂冠。

富裕市民也包括城市手工业者。以纽伦堡为例：在一张偶然保存下来的 16 世纪的缴税单上，收入在 5000 古尔登以上的有缴税义务的市民达到 416 人，他们占城市市民总人数的 6%~8%。纽伦堡的财富不只源于贸易资本和商人们的财产，同时也基于当时高度专业化的手工业。纽伦堡拥有 277 种不同的手工工场，从纸牌到烟草制品，它们的产品涵盖了从日常生活到跨地区贸易所需的广泛种类。[15] 尽管手工业也从 16 世纪的经济活力中受益，但在欧洲各地，手工业者仍然是市民阶层中最坚守传统的群体。

城市手工工场组织起行会，它的任务之一是保证产品质量和防止手工业岗位过多，只有这样才能确保现有工场的收入，

---

① 即神圣罗马帝国皇帝查理五世（1520~1556 年在位）。——编者注

并在面对激烈竞争时保护自己的市场。这种在当时看来意义重大的保护性政策，从长远来看却助长了市民阶层中的顽固势力。到 17 世纪中期，行会结构不断固化，并阻碍创新。但创造力和产品多样化无法长期受到束缚。因此 16 世纪中期以后，在欧洲城市的城墙之外，有一批手工业行业与城市相对峙，那就是农村手工业（Landhandwerk）。它们的组织形式为分发加工包销制。（中世纪时已零星存在的）农村手工业在 16~17 世纪迎来增长的原因在于，行会已不能满足对手工艺品不断增加的需求，此外，高性价比的劳动力越来越多，并且随着欧洲的对外扩张，对购买能力范围内的出口商品的需求也不断增加。这种分发加工包销制在包销商（多为市民阶层的商人，极少数情况下是贵族）和手工业者之间创造了一种独特的依附关系。因为包销商提供了资本、原材料和劳动工具，所以手工业者无须为采购原材料和市场销售操心。代价是他们必须接受包销商给他们设定的价格和生产数量。农村手工业者只是表面上的独立劳动者，但在 16 世纪他们已成为以非独立雇佣劳动为特征的资本与劳动关系中的组成部分。这种资本与劳动关系主要出现在手工业生产密集的欧洲国家和地区，例如意大利北部、弗兰德地区、南德地区、法国、英格兰、北莱茵河流域、萨克森以及西里西亚。[16] 这些地区是纺织工业中心和冶金工业中心，同时玻璃制品工场以及印刷工场、造纸工场和书籍出版商也分布于此，其中，后者自 16 世纪以来也为促进城市手工业的专业化做出了贡献。城市内外在贸易、资本以及技术革新上的相互联系也提高了生产效率。17 世纪中叶，尼德兰地区发明的机械织布机传播至整个欧洲就是一个很好的例子。

　　长期以来，史学研究都把贸易资本和分发加工包销制的相互关系视为现代资本主义的萌芽。马克思主义研究甚至把 16 世纪视为"早期资本主义"（Frühkapitalismus）时期。但近年来，关于 14 世纪已出现资本主义前身的研究结果反驳了这一观点。16 世纪分发加工包销制的发展与此也不矛盾，这个现象恰恰证明城市保持了其作为贸易和生产中心的功能，这一功能甚至通过产品细化而得以加强。[17]

城市仍是商品交换、资本流通以及信息交流的中心，因此城墙之内出现了教育和培训的机构：学校、学会、大学。教育和文化在 16 世纪成为形成市民自我意识的重要因素。在这种意识作用之下，市民既区别于贵族，又可以把自己与城市里的中下层人口区别开来。与其他社会阶层的疏离也加剧了阶级内部的冲突：师傅（Meister）阶层高高在上，满师徒工（Gesellen）的权利诉求则被无情拒绝。因此从 17 世纪中叶以来，满师徒工的起义不时爆发，这也反映了城市社会中的紧张关系。

在城市密布的欧洲国家和地区，人们可以依据经济、政治影响力和社会出身等标准将市民阶层划分为三个群体。上层市民阶级（Oberschicht）往往是由城市新贵组成的城市领导集团，他们彼此之间通过亲缘关系、友谊关系和资助关系紧密交织在一起，并严格区别于其他社会群体。在有些城市中，他们也被称为"显要"（Honoratiorentum），或者自行组成了高级帮会。中层市民阶级（Mittelschicht）由参与行会组织的手工业师傅和在本地区从事贸易的商人构成。那些从事跨地区贸易和海外贸易的富商巨贾属于上层阶级。80% 以上的城市人口属于下层市民阶级（Unterschicht），他们没有市民权利，是所谓的住户 / 居民，多为帮工和用人。除此之外，城市中还生活着众多的穷人和乞丐，他们是受教会救助或自宗教改革以来被城市里的穷人救济院救助的边缘群体。城市市民阶层内部分化不断加深是 16~17 世纪的特征之一。它显然与贵族内部分化相似。因此可以说，或者也不得不说，16~17 世纪的等级社会是有潜在流动性的。

在 16~17 世纪早期这个时间段内，市民团体主要向所在议会明确地申诉和索要自己的政治参与权，该团体有时也会采取激烈的方式。这种政治权利绝不仅仅是一个美丽的假象。有特权的市民阶层自视为贵族统治秩序的一部分，当时的人们把以这种共识为基础的政权也称为共和制。[18]

农民和农业社会

欧洲的绝大多数人口（80%~90%）是农民，因此欧洲大陆也拥有与之相应的众多村庄。在受城市影响较深的尼德兰地区，农民只占总人口的 60%。而在受农业影响较深的中东欧国家，这一比例高达 95%。几乎所有的农民都依附于地主。只有趋于消失的少数自由农民生活在阿尔卑斯山脉地区、黑森林地区、东弗里斯兰地区和东普鲁士地区。农民甚至在法律上必须依附于两位主人：作为臣仆，他们要向所属领土中的当权者尽忠顺和缴税的义务；此外，农民作为"田户"（Grundholde）或"佃农"（Hintersasse），还和地主形成一种雇佣关系，他们必须缴纳土地税和供其差遣，因为这些是他们承租、耕种土地所必须付出的代价。虽然土地出借和租佃的形式结构在欧洲各地有所不同，但是地主和依附于他们的农民之间的关系构成了农业社会的基本关系。各个地区所特有的土地管理模式由此产生：在法国称为 Seigneurie，在德意志称为 Grundherrschaft，在英格兰称为 manor。这种以出借和租佃为形式的所有权转让方式给予农民一定的自由。短租尤其如此，它建立在地主和农民之间有时间限制的合约之上。农民可以用收成来交租，而不需要服徭役，因此农民是自由的。这种土地占有方式自中世纪末期以来流行于大不列颠、爱尔兰、尼德兰地区、法国部分地区和托斯卡纳地区。有人身依附关系的所有权转让方式就与此不同。16 世纪以来，在中东欧地区，一种非自由形式强化为地主制（Gutsherrschaft），为了与中世纪的农奴制相呼应，历史学家把它命名为"第二农奴制"。地主制对农民来说意味着紧密的土地依附关系（取消了人员流动和迁徙），要承担许多义务，例如婚姻需征求领主同意，农民子女也要服徭役，以及农奴的徭役进一步加重，还扩展为每周数日的手工劳役和使畜劳役。从西班牙、法国、瑞士和德意志，到易北河沿岸的欧洲其他地区，90% 以上的土地都实行领主土地所有制，因为它并不要求提供劳役，所以农民在劳动时有很大的自由。直到 17 世纪中叶，农民原有的人身依附关系不断弱化，农民事实上是自由的。

这一概述不应给人以这种印象，即农民的地位似乎都是相同的，因为在乡村地区，还存在庞大的农村贫苦小农（Kleinbauer）群体。每个地区对他们的称呼有所不同，以德意志为例，他们被称为 Kossaten、Kötter、Hintersiedler、Gärtner 等。随着 16 世纪到 17 世纪之初经济危机的发展，依附农（Unterbauer）的数量明显增多，而完全占有自己劳动所得（Vollerwerbsstelle）的农民的数量不断下降，这一差距反映了人口的发展：16 世纪末，整个欧洲人口增长显著。

农业人口的生活区域是农村。16 世纪很多地区已有小手工业和家庭作坊。农村和农业城市之间的界限不再清晰。和城市一样，农村的内部分化也日益明显。除了由自由农民组成的富裕的上层农民阶级，还形成了一个中等阶级，由能自给自足的农民组成。下层农民包括按日拿工资的雇农和依靠每日收入维生的非独立雇工。

农村是社会（邻里之间）、经济（区域之间）、政治（社区之间）以及文化（教区之间）的纽带。[19] 农村也因此成为一个拥有不同功能和目的的综合体，这也是 16 世纪的农村作为动态的主体的显著标志。16 世纪末的经济、社会变革和分化不断强化了其动态性。16 世纪和 17 世纪初的农村并不是一幅田园风光的画面，不存在静谧不变。

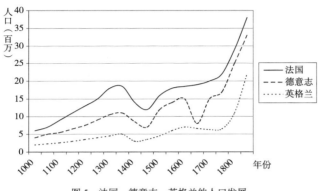

图 5　法国、德意志、英格兰的人口发展

49

农村的政治活动空间是农村社区。它是由农民家长所组成的联盟，这些家长的合法性得到宫廷的承认，他们作为家族领导对外代表着家族联盟的利益。欧洲各处都有农村社区，其功能和权限因地而异。由德意志和瑞士联邦两地可以看出，农民可以在两个层面上代表自己的利益：一个是农村社区层面，另一个是地区层面（跨社区的）。社区代表大会审查公共账目，确定四季交替时的共同工作安排，并且合理地划分社区职务。在有些地区，农村社区甚至拥有裁判权。每个地区对农村社区代表大会的首脑的称呼也各有不同：Schultheiß、Schulze、Amman、Bauermeister、Vogt 或者 Zender。他们在部分地区由社区选举产生，在部分地区仍由土地领主任命。这种农村社区的实践形式，标志着农民参与到政治之中。伯尔尼的历史学家彼得·布里克勒（Peter Blickle）为此还创造了"地区共治

50

主义"（Kommunalismus）一词。它也表现为政治和社会的一些准则，如维护共同利益、维护和平、追求自由以及保护私产和限制过高的税负。这种参政诉求会导致农民与地主之间的矛盾，这在 16 世纪已有体现，其第一个高潮是 1524~1526 年发生于德意志西南部和中部的农民战争。欧洲在其后一个世纪中不断出现农民与地主之间的斗争（包括 17 世纪的瑞士），其原因也在于此。虽然研究中对农民参与权的强度评价各有不同，但无可争议的是，在 16 世纪上半叶的欧洲，农村社区的政治参与度均有所降低。贵族和市民阶级所呈现的面貌，即群体内部分化日益加深，同时伴有与其他阶级的分立，也体现在农村社区，尽管形式略有差异。16 世纪中叶以来，社会内部分化加强，农民贫富差距拉大。

自 16 世纪以来，农民拓展其政治行动空间的另一条道路是深入地利用法律途径，即向更高层法院提起诉讼。研究表明，这一现象也存在于 16 世纪中叶以来的德意志，学者称之为"法制化"（Verrechtlichung）现象。这种法律诉讼是自 15 世纪末以来整个欧洲政治统治中的一个要素，也可以说是训练有素的法律决策者对权力垄断的限制。冲突应该通过法律手段，而不是使用武力解决。但是对于 16~17 世纪的欧洲来说，这一发展不可能一帆风顺，其前景尚不明朗。

2　变革：宗教新格局和社会中的军事力量

作为近代早期等级社会中的第一等级，宗教界偏偏在 16 世纪初经历了一次根本性变革。这一变革虽未致其瓦解，但也促使一个全新的社会群体并行发展起来：新教徒。

中世纪以来，教士一直是欧洲的第一等级。和贵族一样，他们享有免除赋税的特权和独立的裁判权。高级教士以土地领主身份（大修道院院长、采邑主教）参加欧洲的等级代表会议，并因此拥有制度化的政治权利。此外，天主教徒还可以通过作为告解神父和宫廷传教士来发挥其政治影响力。1517年发源于维滕贝格的宗教改革标志着这次根本性变革的开始：新教徒明确要求去除等级排他性。从16~17世纪，新教融入了受教育的（城市）市民阶层，甚至融入了有教养的官僚阶层。这一新兴社会群体有着扎实的神学教育基础。天主教会内部保留着僧侣等级的排他性。随着特伦托宗教会议（Konzil zu Trient，1545~1563）的召开，天主教神职人员的教育和生活方式也出现了改革。因而，教会需要制定新的教会纲领，以应对宗教改革者对不符合信仰守则的生活方式和粗陋的教会管理方式的尖锐批评。这些纲领由总会长依纳爵·罗耀拉（Ignatius Loyola，1491~1556）领导的改革派修会耶稣会负责实施。自17世纪初起，反宗教改革（Gegenreformation）运动出现了。

天主教僧侣

虽然属于欧洲阶级社会中最高贵的等级，但是天主教僧侣却并非生而属于这个等级：平信徒基于自己的选择成为教士，因此人们也把天主教会看作一种"上升通道"。因为在理论上（实际上往往也如此），市民阶级和农民阶级是有可能上升到教会里的更高层次的。在16世纪，其他等级所面临的限制机制，即内部分化和对外分立机制，对于天主教教士来说并不明显：等级制本就一直是天主教会的根本原则，同时也存在相对流动性。一位高贵的枢机主教、一位农民出身的大修道院院长和一位来自市民阶层的学识有限的教区神父都是教士等级的成员。

世俗教士和修会教士之中存在明显的分化。针对前者，特伦托宗教会议已就其经济基础进行了重要改革，并且也反击了一些宗教改革派的批评：高等级的神职只授予那些拥有所谓神圣头衔的僧侣，而这样的头衔能给他们带来经济保障（金钱收入或与神职相关的地产收入）。相反，修会教士则被他们的修会派往某些地区任职，为了履行职责，他们在物质上和实践上都有良好的准备。

早在中世纪初期，大部分的高级神职人员便已来自高等贵族阶级，这种现象一直持续到 17 世纪中叶。与此相对应的是，出身于城市市民阶级的教士数量也有所增长。他们便是所谓的"牧灵教士"（Seelsorgeklerus）。教区里的低等级的世俗教士和修会教士便属于此列。作为教士修为方面的改革成果，他们也要逐渐承担一些宗教礼仪之外的工作（教牧关怀、布道传教），尽管特伦托宗教会议的决议推行得十分缓慢，尤其是对相应费用的承担也多有争议，但教士修为方面的改善 17 世纪中叶时便得以显现。即使是耶稣会的成员，也有一大部分来自城市富裕市民阶级。耶稣会和其他改革派修士会［如 1525/1528 年以来的嘉布遣会（Kapuziner）］是反对确定新教教职的。这主要是因为，在 16 世纪末期，教育方面的大力投入给新教徒带来了成功。因此，建于罗马、作为德意志帝国神父培训中心的日耳曼学院（Collegium Germanicum）也成为反宗教改革的一部分。17 世纪中叶，在法国、意大利和德意志的天主教地区，85% 的世俗教士和修会教士由市民组成。他们经常担任教区神父，相比于 16 世纪初期，这种教职中明显加强的"市民属性"自然归于物质因素：在经济明显不发达的社会中，免于抽成和纳税的教区神职无疑是高人一等的。

多为贵族出身的高级僧侣能够保住自己的政治顾问职能。只有在 17 世纪初的几十年中，出身市民阶级的神学生在日耳曼学院中占多数。到 18 世纪中叶，贵族出身的神学生已占 70%；由此也决定了接下来几代人的时间里，这个群体占据着天主教会的领导地位。16 世纪末以来，新建大量耶稣会中学和

大学，其在反宗教改革运动的教育和培养方面收效甚大。它们 54
兴建于整个欧洲范围之内，并且明确地对接当地的教育传统。
这为推行修会编写的新宗教教育标准提供了有力的保障。

在欧洲天主教区域，如西班牙、法国和巴伐利亚地区，上
层世俗教士的改革尝试与修会的努力相类似。为了提升受教育
者的神学理论素养和教牧关怀能力，他们建立了很多传教士研
讨会。他们在"善牧"（pastor bonus）耶稣的形象中发现了
天主教革新运动的一种新方法，这种思路指向了早期教会神父
的主教理念。他们认为，"牧灵教士……作为教区的领导者，
神义的传道者和圣礼的布施者"。[20] 这一设定对于耶稣会的理
念来说是具有权威性的，其中必然包括履行神职的正确方式
和无可指摘的生活方式。这些都与天主教的新的教育方法相适
应。在五年的教育过程中，所有耶稣会中学都会传授一样的基
本知识。大部分情况下，旨在培养未来神职人员的哲学—神学
学校也并入了教会。其毕业生可选择于一所邻近大学或神学院
的博雅学院（Artistenfakultät，现在的哲学专业）就读。四
年学习之后，他们将被授予较高的神职。针对当时德意志和瑞
士教育情况的研究表明，17 世纪初期以后，大部分神职人员
确实上过耶稣会文法中学和耶稣会大学。一种标准化的专业教
育体系得以形成。但与同时代的新教不同的是，大学教育并不
常见。17 世纪的德意志、法国、西班牙和意大利仍然难以贯彻
特伦托宗教会议对神职人员改革的决议。除经济问题外，这还 55
归因于那些和新教教育机构相竞争的地方学校的运转问题。这
些问题也包括对教士授职的形式及内容上的设定，比如研究发
现，一份参加南欧天主教地区神学院的证明就十分粗制滥造。
此外，法国于 16 世纪后期建立的教育设施在宗教战争中全部
被关闭。最后，由于世俗统治者监管的神学院和改革修会领导
的神学院并立共存，二者之间出现了激烈的竞争。比如，17

世纪中叶之后，法国才把满足某些最低要求设定为继任某一神职的前提条件，例如提供最低教育水平的证明，在被授予第一个神职时达到最低年龄要求等。即使存在许多问题，但自 17世纪中期以来，教士教育改革也逐渐有所收效，天主教教士开始慢慢弥补教育上的落后。跟所有涉及人事决策的领域一样，直到 17 世纪中期，神职的授予依然是受俸神职制度的一部分，而这一制度已经十分稳固，并且牢牢基于与教会主顾、捐助人的相互关系。要在不受上述人事关系影响的情况下按资质授予教职，自然会触碰根深蒂固的制度结构问题，而且在短短几代人之间不会轻易改变局面。新教开启了按资质授予神职的新方式，但它也必须考虑所在地区的经济条件和神职体系的延续发展。当教育被用作宗教信仰之争的一种工具时，16 世纪末的欧洲便开启了一条着重以能力分配职位的社会之路。这样的道路注定是漫长而艰苦的。

基督新教

新教徒是一个新的社会群体，其出现是近代早期欧洲社会史上的一次巨变。确切地说，他们并不是一个社会阶级，宗教改革的神学理论为此提供了证明。鉴于新教神学的核心思想是，个人与上帝之间存在直接交流的关系，教徒根本不需要交流的中介，一个新的宗教阶级因此是多余的。此外，每一个人都在其职责范围内，即上帝为其划定的生活圈子内，履行上帝赋予的使命。那种绝对神圣的、脱离尘世的阶级，包括按照天主教会的理解，修会应履行的职责以及教士不得婚娶的规定，根本不符合新教主张的神所喜悦的尘世生活。早期的新教徒多是贵族和农民。16 世纪末以后，欧洲的新教徒普遍由（城市）市民构成。一张越来越紧密的人事和亲缘关系网将接受过神学和法学教育的神职和公职人员联系起来了。新教徒也因此不能借助"等级"参与政治决策。但也有例外：在瑞典和丹麦的等级代表会议中，宗教改革运动之后成为新教徒者仍然保留了自己的席位。除了等级代表大会，新教牧师也有机会参与近代早期社会政治领域。职业理念促使这些神学家督促当权者履行他们的职责义务。直到17世纪中期，新教牧师们都非常严肃地对待这一义务，由此导致了许多激烈的冲突。

在短短几代人之间，在市民官僚体系中提高社会地位是可能的，也是常见的，而新教的神职岗位被看作一个"平台职业"（Plattformberuf）。在此期间，牧师的妻子（Pfarrfrauen）扮演了重要的角色，因为她们有助于牧师融入其他社会群体。近代早期缔结婚姻的特征在这里可谓格外显著：一方面它有助于社会的融合，另一方面妻子提供了重要的支持。

英格兰与当时的德意志情况相同。16世纪末以后，神职人员主要出自低等贵族，约曼（yeomen，富有的农民）的子孙很少有晋升的机会。但英格兰并未因此形成新教的贵族教会。相反，低等贵族和城市市民之间的紧密联系有助于中间阶层的产生。和欧洲大陆一样，许多有学识的履职者来自这个阶层，新教徒也属于这个阶层。

鉴于布道在新教神职中有重大意义，新教教育的中心目标便是不断增加未来牧师的神学知识。在德意志，拉丁文学校和大学联合成了一个系统。在某些地区，人们利用已秽作俗用的教会财产设立奖学金，以资助有才能但贫穷的神职人选。当然，这需要历经好几代人，才能形成自觉接受高水平神学教育的意识，到17世纪中期，高级神职人员和普通教士之间的差异仍十分明显。在延续改革前的受俸神职体系的同时，新教内部也从16世纪末起建立了一套授予神职的程序。在大学毕业后（至少毕业于博雅学院），毕业生需要从事多年的中间职务之后才能就任牧师一职，这些中间职位包括唱诗班领唱、助理牧师和田间牧师等。17 世纪初期开始出现神职岗位人满为患的情况。三十年战争之后，人员缺乏和人员过量之间的波动成为长期存在的问题。候选人出示其赞助人的推荐信后，他就要参加一项由最高级别的教会主管机关——新教教会监理会——所举办的考试。获得推荐并已通过考试的候选人会在一次礼拜仪式上被正式安排到他的牧区和他的岗位上。可以说，近代早期尤为典型的"新旧结合"——传统模式与选贤举能的结合——也深刻地影响着新教。以亲缘关系和捐助关系为基础的这种神职授予方式直到 17 世纪中期也没有消失。虽然说不上是"专业化"（Professionalisierung），但神职人员的职业水准确实趋于稳定。它迈出了脱离这种建立在人情世故之上的、近代早期人事结构的第一步。

关于欧洲三大基督教派（1648 年以来的路德宗、加尔文宗和天主教派）的经济状况的研究表明，在宗教改革之后，宗教职务也与近代早期的农业结构密切相关。当时新教和天主教教士的收入主要来自所属教区的土地收成、教会什一税（税收）以及宗教活动所得的费用。此外，带有花园和部分耕地的牧师住宅，即牧师庄园，也提供了基本的保障。

近代早期社会中的武装力量

军事人口，即"士兵阶层"（Soldatenstand），虽然是推动社会变革的关键力量，但在过去几十年中却甚少受到研究者的关注。军事史素来归于传统的政治史和外交史叙事，自 20 世纪 60 年代以来，这种历史叙事却受到了挑战。当时的争论如今也已成历史。许多不同的观点都旨在构建一种"新政治史"（eine neue Politikgeschichte），即一种"历史的政治学研究"（eine historische Politikforschung），其中也包含对社会中的军事力量的历史书写。[21] 在近代早期的等级社会中，武装力量并未形成自己固定的等级，而是跨越了欧洲的各个社会等级：近代早期的雇佣兵、步兵和常备陆军之中，社会各阶层人士均有出现。所以人们必须从两方面来评价"军队"（Militär）这一特殊的社会体系：一方面是军队对和平产生哪些作用，另一方面是军事社会对与它紧密相连的市民社会产生哪些作用。

15 世纪末到 16 世纪初，战争组织形式出现了改变，由此引发了军事社会秩序的变革。以对盎格鲁—撒克逊人的研究为例，人们用容易造成误解的概念"军事革命"（der military revolution）[22] 来描述这一转变，虽然该转变持续了 100 多年。这个概念意指一系列变化的发生。第一，因为步兵在技术上超越了骑兵，所以骑士武装力量被装备更为精良的雇佣兵、步兵替代。第二，火器性能的改善和牢固要塞的增多使军事实力有所提升。第三，军事技术知识的不断细化和相应的军事教育的专业化使军队的内部结构逐步改变。第四，大量的技术创新促使作战的经济基础有所改变。发动战争是有利可图的买卖，这最终促进了军事社会和市民社会在法律上的融合。

雇佣军队需要花费金钱。在 16~17 世纪，须经等级代表会议的同意方能发动战争。为了避免走这条又费时、政治上又费力的道路，君主们把军事管理的任务交给那些私人招募的职业军人。君主们不仅把他们的军团（Regiment），即集中的军事管理机构，当成作战和法人团体，而且主要把它们当作经济主体。16 世纪的雇佣军只因某次战争而被招募，战后即被解散。在这段时期里，著名的职业军人包括格奥尔格·冯·弗伦茨贝格（Georg von Frundsberg，1473~1528）以及三十年战争之时的阿尔布雷希特·冯·华伦斯坦（Albrecht von Wallenstein，1583~1634）。一个以获得军事投入为目的的经济主体，其组织和经营必须专业，固定的规章制度以及分明的等级制度是必不可少的。当招兵者在客栈或露天广场上招募雇佣兵之时，军鼓激昂、军号嘹亮；他们首先要向受雇人支付雇金和第一笔军饷。在检阅广场上，所有应征者被计入检阅名单，并根据素质和经验被划分到不同的队伍里，不同队伍的收入自然也有所不同。在宣读行规和宣誓效忠之后，雇佣兵就被纳入全体士兵大会（普通士兵的大联合），自此士兵们就是军团的一部分了，而军团同时也意味着社会团体、新的法律机构和工作岗位。直到 16 世纪中期，雇佣兵都是十分抢手的职业。作为战争合同（战争宣誓）中的一方，雇佣兵拥有明确的法律权利，并且就算出生入死也要遵守誓言。随着"长 16 世纪"人口的不断增长，他们逐渐失去分量，招兵者越来越容易招到兵员。

61

作为一个完整的组织，军团之下设立了中队（Fähnlein）。中队里的军衔人选由士兵们自行推选，比如中队长（Rottmeister，负责领导中队）、设营员（Quartiermacher）、军团代表（Ambossaten，代理人）和负责布列的队副（Feldwebel）。军队所有的分队都遵守一套共同的、易懂的裁判管辖权，它的运行方式与市民社会和乡村社会不同。

在"战争教科书"（Kriegslehrbuch）这种新的文学体裁中，作品内容越来越多地反映雇佣军或步兵群体[23]的法律秩序和管理方式。现存的大量样本表现了当时的人们对军事科学的浓厚兴趣，其中人们可以看到士兵内部"等级"的明确划分，从小兵卒到总长官，所有级别的诉求、权利和义务都描写得十分详细。随着军队规模的扩大，强化管理成为必须。但管理并非由专业的军事人员执行，而是由文职官员执行的，比如检阅书记官（Musterschreiber，秘书）、军需官（Pfennigmeister，会计）和监察官（Profos，警察）。这类"战争教科书"的代表是莱昂哈德·弗伦斯佩尔格（Leonhard Fronsperger，

约 1520~1575）和边疆伯爵阿尔布莱希特·冯·勃兰登堡
（Markgrafen Albrecht von Brandenburg，1490~1545）的战
争记录。

尽管存在等级制度，尽管上级几乎手握无限制的处罚权
并确实进行了严厉的惩罚，但维持雇佣军的军纪仍是一个棘
手的问题。除了有逃跑的可能，还有放浪无度、偷窃、抢劫
和损害他人财产的现象。影响雇佣军军事效率的首要问题是
纪律性和服从性的缺乏。16 世纪末出现了"奥兰治军事改革"
（oranische Heeresreform），这个一再被援引和描述的改革显
著促进了近代早期军队体制的内部细化和稳定。为了与兵力远
远多于自己的西班牙抗争，信奉新教的北尼德兰（尼德兰联省
共和国）不得不增强自己军队的主动性和纪律性。这一改革思
想的奠基人是哲学家和"国家法学之父"尤斯图斯·利普修斯
（Justus Lipsius，1547~1606）。他借鉴古希腊罗马传统，设
计了一套军事纪律模式（militaris disciplina），包含日常操
练、按统一战术原则进行指挥、强制士兵无条件服从，以及一
系列相应的奖惩措施。武力与忠诚（Vis et virtus）是两大原
则，军事投入的有效性由此得到强化。军队内部的变革也随之
发生：涣散不羁的雇佣军被长期服役和训练有素的正规军人代
替，对首领也进行了系统的教育和培训。在尼德兰，这一改革
的实施显著提高了军队的战斗力。德意志帝国的很多新教地区
以及瑞典也把奥兰治军事改革当作自己学习的榜样。

三十年战争期间，军队内部细化加强，许多首领的经济地
位和政治地位有所提高。中层领导的分量尤其加强。在军饷上
也反映了军官和下级士官的区别。士兵和下级士官（队副、分
队副）之间，以及士兵和首领之间的差距都在逐渐扩大。以往
授予军职的决定因素是作战经验和执行能力，17 世纪中期以
后，社会出身因素变得越来越重要，捐资和家庭关系也对军队

产生影响。17 世纪社会因素的影响力无处不在，单凭贵族出身，并不足以与在市民中的良好声望和与之相匹配的经济实力相抗衡。这一现象直到三十年战争末期才有所改变：军队长官的任命权掌握在君主的手中，君主常用这一工具来制衡贵族的传统权力。这也打开了贵族与君主之间关系的新篇章。

第三章
改革即剧变？
——宗教和政治

近代早期欧洲的社会秩序和政治秩序是紧密交织在一起的。进入近代社会之后，所谓的变革必须考虑到其他的因素。这一时期的特征不是传统与革新之间的对立，而是二者的融合。近代早期的特点正是具有革新性的传统与具有传统性的革新。因而我们很有必要理解当时的人如何看待传统和变革。我们应把当时的时代和危机放在一个剧变的阶段去理解，即放在宗教改革到三十年战争的这个阶段之中。而即便在这个阶段，近代早期人们对变革的持续时间和发展速度的感悟也非一成不变的；但当中明显包含宗教视角，并深受末世思想即最后审判的影响。

它不仅关乎作为整体的基督教社会，还关乎每一个有限生命的个体。基督教信仰不仅指出生命的短暂易朽，也强调人类整体和个体积极生活的价值准则和尺度。16~17 世纪的人们不把自己看作新兴人类，他们更希望"回到美好的古典时代"（die Rückkehr zum guten Alten）。[1] 人文主义者和路德宗如此，虔信主义者和法国詹森主义者如此，法国政治家和 17 世纪的英国清教徒也是如此。到 17 世纪中叶，随着自然科学领域的突破，人们才意识到一个新时代已开启，彻底的变革正在发生。也是从那时起，人们认识到了世界的不断变化，亦即所谓的"进步"。

图 6 《最后的审判》，约翰内斯·德·赫梅森（Johannes de Hemessen），约 1537 年

1 宗教改革运动：突破和保护

宗教改革运动以路德于 1517 年 10 月 31 日在维滕贝格发表论纲为起点。它并不是凭空发生的，往日已有以改革为目的的政治和宗教运动，它们与此次宗教改革密切相关。此外，"人文主义转向"对文本来源、对《圣经》诠释的关注，也为宗教改革者树立了不可替代的榜样。发端于德意志神圣罗马帝国，影响欧洲其他地区的改革运动在政治和教会—信仰上达到

了让人意想不到的强度，这也促进一系列变革迅速发展。认识到宗教和政治的紧密关系有助于我们了解近代早期欧洲社会的特征：所有宗教运动同时都是政治变革，而政治变革也可以以宗教运动的形式出现，无论改革者是否有意如此。

解读方式

比起近代早期的其他事件，在维滕贝格发表论纲这一历史事件也许因为宗教和政治的密切关系而变得尤为突出。在 19 世纪的欧洲，它被上升为有关民族身份、信仰认同的问题；20 世纪下半叶的马克思主义史学则将宗教改革视为"早期市民革命"（frühbürgerliche Revolution）。在现代研究中，所有对宗教改革的阐释都是从"传统和现代两分法"（Dichotomie von Traditionalität und Modernität），[2] 即从历史变革过程中传统的重要性出发的。

16 世纪 20~50 年代，有新教思想的人主张用路德的"唯独神学"（sola-Theologie）理论建立一个新的导向，一个并非转折，反而是回归早期基督教传统根源的新方向：改革是基于回溯传统之上的变革。路德神学理论的核心内容十分清楚地证明了这一点。在路德看来，唯独恩典、唯独信心和唯独《圣经》能建立信徒与上帝之间的联系。这三个"唯独"（sola）都要回到《圣经》的无限权威之上。路德的学说深受人文主义的影响，认为只有《圣经》才是神学和教会的基础。无论是像天主教会那样向信徒灌输"以善功得救"的诫命，还是教会的中介角色，抑或获得圣职的神父，都不符合基督教信仰的本质。所有旨在动摇这些秩序的改革，不过是为了重塑《圣经》里描绘的早期基督教的状态。

对于当时的罗马教会来说，这些改革的诉求当然会带来另一种影响。因为改革派的神学理论对教会机构和教宗的权威提出了质疑，所以其在政治上被视为暴乱，在宗教上被视为异端，必须严惩不贷。1521 年 1 月 3 日由教宗颁布的绝罚令和 1521 年 5 月 26 日由皇帝颁布的禁令 [《沃尔姆斯敕令》（Wormser Edikt）] 使针对宗教改革的打压在当时的法律认知中是合法的。在他们看来，教会依据的恰恰就是传统，在早期教父的作品中，这种传统和《圣经》有着同等的地位。因此，争论反映了一个关键事实：哪怕双方都援引传统，却不会必然地得出同样的结论。因为对哪些传统才是合法的并没有形成一致意见，所以一味试图证明其延续性，便是给眼下的纷争火上浇油。在此意义上，路德的宗教改革可以被理解为一次"体制的突破"（Systembruch），毕竟有人认为，从中世纪到 16 世纪一直都有政治改革尝试和虔信运动发生。之所以实现突破，是因为自中世纪晚期以来的政治、社会和宗教改革暗潮从 1517 年开始集中起来，并向着"规范化、合法化和可控化的力量"发展。[3] 研究中把这一过程称为"规范的集中化"（normative Zentrierung），世俗和宗教的"规范的集中化"过程是相互影响的。这个过程不仅在时代上与中世纪晚期—近代早期重合，它也是这个阶段的社会秩序的根基，亦即"关乎信仰与伦理的基督宗教整体（corpus christianum）"之根基。[4] 这个由历史学家和教会史学家共同提出的解读视角引申出了宗教改革是现代开端的观点，直到 20 世纪 80 年代，这一结论都一再被强调。不过，在过去几十年里，对这段历史的解读方式及其影响力渐渐变得有所不同。即便没有发展成目标明确的变革，即便没有开启通往现代的道路，宗教改革的历史价值也不会减损。关于宗教改革到底是否能称为"变革"（Umbruch）的争论变得不是那么重要了。

以维滕贝格、苏黎世和日内瓦为起点

"它是被锤子敲开的"(Es begann mit Hammerschlägen):
欧洲记忆文化的文学作品如此描述宗教改革。1517 年 10 月
31 日,马丁·路德在维滕贝格发表《九十五条论纲》,成为宗
教改革的开端。按照学术传统,这位维滕贝格神学教授兼奥斯
定会僧侣所发表的论纲,首先面向的是对其进行讨论的学术同
行,所以它是以拉丁文起草的。随即问世的德文翻译版凭借印
刷术而迅速流传,使针对教会的改革要求从一开始就获得了巨
大的动力。也许,路德自己也没有想到这一点。路德首先要求
对教会存在的弊端进行改革。他也因此被看作中世纪晚期传统
的延续者,主要继承了波希米亚改革家扬·胡斯(Jan Hus,
约 1370~1415)的观点。

　　路德于 1520 年发表的重要的宗教改革著作有《致基督教
贵族书》(*An den christlichen Adel*)、《论基督徒的自由》
(*Von der Freiheit eines Christenmenschen*)、《 论 善 功 》
(*Sermon von den guten Werken*)和《论教会的巴比伦之囚》
(*Von der babylonischen Gefangenschaft der Kirche*), 它
们阐述了他的神学思想,表达了根本性的批判,并对教廷作为
机构存在的根本原则提出质疑。他质疑援引《圣经》为教宗
之职,为教士终身不娶,为教会宣扬的 "以善功得救"(即信
徒可用钱赎罪) 提供依据的做法。众所周知,赦罪牧师台彻
尔(Tetzel)的过激行为引起了路德对购买赎罪券的抨击。路
德用他的 "唯独神学" 理论抨击这种行为,即坚持神与人之间
不再需要中介的观念。"唯独《圣经》"(sola scriptura)质疑
早期教父作品的意义。这些观点在 1514 年以来路德所传授的、
后来非常著名的《罗马书讲义》中便已出现。

　　在 16 世纪 20 年代早期,路德对教区制度的构想是与
原始基督教的原理联系在一起的。据此,教区应该是受洗者

的集合，这些受洗者应该平等相处，并自行推选牧师。德意志城市（例如在茨维考和维滕贝格）发生了早期宗教改革动荡、农民战争给社会带来巨大冲击之后，路德宗的教会制度建设活动与两个人紧密相关：维滕贝格神学教授菲利普·梅兰希顿（Philipp Melanchthon，1497~1560）以及维滕贝格城市牧师、新教教会建设的实践者约翰内斯·布根哈根（Johannes Bugenhagen，1485~1558）。他们合作的开端以路德在 1523 年参与起草被后世反复援引的《莱斯尼希福利制度》（Leisniger Kastenordnung）为标志。当地教区依据路德的主张，坚持自行选举牧师是一项古老的、源自《圣经》的权利，并以此对抗大修道院院长的世俗监护权。教区请求路德帮助制定"公共钱箱"（gemeinen Kasten）制度，即监管教会财务的制度。在教区两位钱箱保管人的监督之下，所有的教会财产应归入公共钱箱，并用以支付新教牧师的薪酬。这样教会财产便首次交付给世俗社会管理，世俗社会和教会之间的矛盾也随之出现。此外，路德还借《莱斯尼希福利制度》总结了第一套关于礼拜仪式的规制，其中准确阐明了他对教区概念的理解以及在莱斯尼希实践过程中形成的教区权利的内容。[5]

在新型印刷技术的帮助下，大量乡村和城市人口迅速被动员起来支持宗教改革。如果没有印刷术，路德改革的呼声也许就会有所减弱。不过，路德起初仅仅重申了早期运动中已提出的改革要求。因此，了解宗教、政治和社会各方面的改革要求之间的关联至关重要。理解 16 世纪的关键，不是这些诉求之间的分化，而是它们的紧密联系。我们首先可以得出的结论是"改革运动"（reformatorische Bewegung）和"改革"（Reformation）是有区别的。前者出现在自《沃尔姆斯敕令》到 1521~1525 年农民战争之间；后者指的是 16 世纪 30 年代开始的新教教会制度化的过程。改革运动的核心是路德的著

作，到 1525 年，路德的作品发行了大约 2000 版，售出数百万 72
册，其中大部分是德语版本。路德最重要的作品是对《圣经》
的翻译。从 1522 年回到瓦特堡开始，路德首先翻译了《新
约》，然后与维滕贝格的同事一起翻译《旧约》，《旧约》的
翻译工作持续到 1534 年。长远来看，路德和其他神学家所写
的不计其数的小册子同样有着深远的影响。鉴于当时大部分人
的阅读能力低下，也许这种小册子比起著作来说更易为人们所
接受。1501~1530 年，大约有 10000 种不同的、总印量约为
1000 万份的小册子问世。流行的木刻版画成为新教宣传的工
具并吸收了普通信众的民间文化，自成一脉地发展着，当中尤
为经典的便是维滕贝格的卢卡斯·克拉纳赫（Lucas Cranach）
的作坊生产的大量作品。

　　路德最初与伊拉斯谟（Erasmus von Rotterdam）、乌尔里
希·冯·胡滕（Ulrich von Hutten）、布塞珥（Martin Bucer）
等博学的人文主义者的合作也推动了宗教改革运动的发展。他
们的一些作品也被制作成小册子发行。但是宗教改革运动在不
同的神学流派之间迅速分化。激进的神学家，如托马斯·闵采
尔（Thomas Müntzer，约 1489~1525）或卡尔施塔特的安德
烈亚斯·博登施泰因（Andreas Bodenstein von Karlstadt，
1482~1541）远离了路德的神学观点。路德与人文主义者的
联盟没有持续多久。在 1525 年的著作《论意志的捆绑》（*De
servo arbitrio*）之中，路德也与伊拉斯谟和他的"人类乐观
主义"（der anthropologische Optimismus）学说保持了一定
的距离。[6]

　　与此相对的是，路德与神学家茨温利（Ulrich /Huldrych
Zwingli，1484~1531）——时任苏黎世大教堂教士——领导
的苏黎世宗教改革派保持了较为持久的合作。巴塞尔的人文主
义圈子是以《圣经》为中心的虔敬信徒，茨温利作为其中一

员，在 1516 年已公开倡导神学改革，并从那时起有别于路德的宗教改革主张，更激进地推行以《圣经》为最高权威的原则（das Schriftprinzip）。1519~1522 年，茨温利每天都宣讲《新约》的内容。他主要针对教会过高的什一税和对外输出雇佣兵的做法进行批评。苏黎世议会尽管犹豫不决，但还是支持新教运动，反对城市最高宗教领袖——康斯坦茨主教。1522年 3 月发生了以吃香肠的形式抗议斋戒的标志性事件（斋戒期间是禁止吃肉的），当时茨温利在场但并未参加，这一事件加剧了本来就很紧张的局势。为了城市和平，议会不得不做出反应，于 1523 年 1 月 29 日举行了一场公开辩论，两个阵营在此次辩论中提出了各自的观点。在《六十七条论纲》[《闭幕词》（Schlussreden）] 中，茨温利阐述了他的改革思想，其核心是主张《圣经》为唯一依据（唯独《圣经》说）。城市议会采纳了茨温利的改革主张：根据《圣经》重新调整了礼拜和教会秩序。也就是说，在拒绝教会等级制度的同时，牧师的选举变得更规范，牧师的婚姻和教士离开修道院得到承认，苏黎世城市和乡村的牧师必须开展福音布道。城市议会获得了主教驱逐权，即世俗当局直到那时才拥有所有原由教会掌握的权力（婚姻管辖权、宗教裁判权、教会财产管理权）。与路德宗教运动相反，此处对教会与世俗之间的关系重新进行了调整。划归议会管理的教会财产被用于城市中的社会福利和教育任务（牧师供给、贫困救济、学校系统）。在此背景下，1525年在城市大教堂旁建立的一所培养年轻神学家的学校便是后来神学院的雏形。凭借对苏黎世教会章程的一系列重新编撰，茨温利在邻近的上德意志帝国城市（包括康斯坦茨、纽伦堡和奥格斯堡）以及黑森方伯属地引起了强烈反响。这些地区将两个改革运动结合在一起的愿望最终因路德和茨温利在神学理论上的分歧而落空了。两者的分歧体现在圣餐礼的问题上。路德坚信，基督真实临在于圣餐的面包和葡萄酒（基督的身体和血液）中，因此圣餐礼仍然忠实于天主教会的教义。而茨温利则强调，圣餐的本质只是一种象征，即一种纪念。为了消弭关于这一神学问题的争论，黑森方伯菲利普于 1529 年邀请路德和茨温利在马尔堡城堡讨论宗教问题；但这次会面也没有达成一致意见，最终不了了之了。瑞士—上德意志地区的新教教派和德意志神圣罗马帝国的路德宗也从那时起分道扬镳。茨温利在德意志（包括黑森、普法尔茨选侯国和德意志北部的部分地区）的追随者被称为改革宗（Reformierte）。对于瑞士联邦来说，宗教改革运动在苏黎世导致了信奉天主教的联邦州和改革宗联邦州的信仰分裂，并导致了 1531 年 10 月卡匹尔战争（Kappeler Krieg）的爆发。茨温利的追随者输掉了这场战斗，茨温利也在战斗中阵亡（1531 年 10 月 11 日）。同年，《卡匹尔和约》（der Kappeler Landfrieden）首先采用了“教随国定”（cuius regio eius religio）原则，该原则整体而言对天主教世界颇为有利，日后的《奥格斯堡宗教和约》也依据于此。1549 年，信奉新教的各州与由约翰·加尔文（Jean Calvin，1509~1564）领导的起源于日内瓦的宗教改革运动联手，形成了一个神学共同体（有共同的圣餐礼仪和关于教会秩序的相似理念）。从那时起，这个神学团体的成员就被称为加尔文主义者（Calvinisten），并且他们也促成了西欧新教范围内政治与神学的联合。

宗教改革运动发源于维滕贝格、苏黎世和日内瓦这三个位于欧洲中部的城市，从中还产生了有着各自的神学—政治倾向的新教会机构。凭借在日内瓦的教会和政治生活改革的经验，加尔文创建了一种与路德宗形成竞争之势的新的新教教会模式。[7] 加尔文来自法国新兴的市民阶级，曾在奥尔良和布尔日学习法律，并在那里接触了法国人文主义。他于 1533 年宣称完全支持宗教改革运动，但受 1534 年开始的迫害浪潮（招贴事件）的影响，他不得不离开自己的国家，来到当时人文主义的中心巴塞尔。加尔文于 1536 年在巴塞尔出版了《基督教要义》（*Institutio religionis christianae*），介绍了其神学理论和教会教义的基本理念。1538 年，加尔文成为斯特拉斯堡里法国难民社区的牧师，还在他新建成的文理中学里教授《新约》。凭借在斯特拉斯堡城市改革中积累的经验，加尔文于 1541 年回到日内瓦，巩固当地的改革运动。加尔文把改革的基本观点写在了他的《基督教要义》之中。对于神学生来说，这本书主要是一本了解加尔文宗在教会秩序和神学政治理论方面的基本观点的手册。作为第二代改革者，加尔文坚信与教廷的决裂已成定局，所以确立新教教会的基本组织制度便更为迫切。除了特有的预定论神学观点，其以教职论为形式的加尔文教会学说也与路德派的改革主张有所不同。根据《新约》，加尔文确立了四种教职：牧师作为教牧关怀者，博士作为教师，执事作为穷人救济者，长老作为教会资金的保管人。所有的履职者组成了一个"审裁委员会"（Vénérable compagnie des ministres et docteurs），该机构必须确保教会的团结和牧师的道德权威。为了维护教会秩序，加尔文赋予世俗当局以重要的权力；它有义务对抗邪恶，并促使信徒走上正途。也就是说，世俗当局承担维护教会道德的义务。它还要为教会活动提供保护。面对不能胜任工作的当局，教会也有权不服从其管理。最新的研究表明，路德宗的教区世俗当局也有这些功能。那些把加尔文宗定性为促进民主，而把路德宗定性为信奉当局的不中肯评价也必须加以改正。[8] 早在 1540 年前后，加尔文主义就已经传播到尼德兰和欧洲的法语国家。在德意志，它主要在黑森－卡塞尔、勃兰登堡、利珀和普法尔茨地区产生影响。

2　宗教改革和社会群体

除新的印刷媒介外，近代早期所有社会群体对改革运动的广泛响应也促进了宗教改革在欧洲迅速传播和产生持久影响；其接受过程却各具特色。⁹

宗教改革与农业人口：农民战争

农民战争与宗教改革有什么关系？继 19 世纪初的自由主义解释之后，弗里德里希·恩格斯（Friedrich Engels，1820~1895）的马克思主义观点将宗教改革解释为，为农民战争做准备的市民神学革命（Revolution）。"诸侯的仆人"（Fürstenknecht）路德要对此运动的失败负责。虽然这种带有党派政治立场的解释如今意义不再，但历史学家们一致认为，宗教改革和农民战争是息息相关的；二者相互影响，当中的各个因素仍有待进一步研究、评估。

农村改革的要求和宗教改革之间的联结并不是革命性的。一方面它就发生在中世纪晚期追溯"旧法"（das Alte Recht）的思潮中，而复兴"旧法"也提供了一种"辩护的叙事"。另一方面新教教区原则与农民—乡村自治形式相结合，形成协作结构，从而明显区别于贵族和领主统治模式。历史学家彼得·布里克勒将之称为"教区改革"（Gemeindereformation），并把神学诉求和农民社区的"集体主义"的结构（die kommunalistischen Strukturen，即他们当时的生活秩序）紧密地联系起来。¹⁰ 农民战争因此也可以被描述成组织规范之争（Konflikt um Verfassungsnormen）。种种组织规范在中世纪末的德意志已作为不同的生活模式而存在。¹¹

上述的两种联系体现在 1525 年 2 月底的农民战争的纲领性文件《施瓦本农民十二条款》（Zwölf Artikeln der

Bauernschaft in Schwaben，以下简称《十二条款》）中。它
也许是由梅明根的皮毛匠、土地记录员塞巴斯蒂安·洛策
（Sebastian Lotzer，约 1490~1525）主笔茨温利主义牧师克
里斯托弗·夏佩勒（Christoph Schappeler，1472~1551）参
与编写的。

78 　　如果说《十二条款》之前的大多数地方性文献仍然涉
及"旧法"，那么这时人们致力于探讨的便是"神法"（das
Göttliche Recht）。这其实也是一个古老的命题，约翰·威
克里夫（John Wiclif，约 1320~1384）也许早在 14 世纪就
已经用它来证明农民权益的合理性了。1525 年人们明确将此
概念与改革派对下面这句话的理解联系起来："神法"即《圣
经》的法律，即福音的法律。[12] 宗教改革借这个词扩展了其行
为的合理性：路德的唯独《圣经》论，即改革派的《圣经》为
最高权威的原则，开始把世界理解为造物秩序之体现，这种秩
序的基本准则记载于《圣经》中，故而维持这种秩序是有据可
依的。此外，对"神法"的援引还具有集中化的功能，因为
"旧法"素来只在地区范围内得到承认（作为地方性或习惯性
权利）。

　　梅明根《十二条款》的第一条体现了与新教教区原则的
关联，它要求恢复教区自行推选牧师的权利，这是为了确保
乡村牧师可以真正成为教牧关怀者，也就是"我们自己选择
的牧师应该更响亮、更清晰地向我们传讲福音"。[13] 此外，在
专门讨论农村经济和社会问题的其余条款中，宗教改革的教
区思想也显而易见。如果教会什一税的管理权再次移交给教
区，并因此"公有化"（kommunalisiert）；如果归还公有土
地权利，即教区的草场和耕地的共用权；如果把捕鱼、狩猎
和森林的使用权划归整个教区……那么从造物秩序的角度进
行辩护，"教区思想的基督教化"（die Verchristlichung des

Gemeindegedankens）就会变得清晰可见。[14] 如同统治者和臣民之间的关系，农民群体之间的关系也充满了基督教友爱互助的情谊。

农民的诉求指向了已出现一段时间的具体的社会、经济和政治矛盾。人口的压力、地主所有制的强化，再加上一些领主试图通过削弱村庄或领地中以协作形式参与政治的机构来加强自己的统治，所有冲突变得更加尖锐了。农民的诉求与宗教改革运动的结合给他们的抗议带来了前所未有的冲击力。

在不同地区，抗议活动的重点都十分不同。因此，很难说哪些因素导致了农民骚动。德意志神圣罗马帝国的大部分地区基本未受影响，如北部和东北部，以及巴伐利亚大公国和波希米亚王国等重要的诸侯领地。西北部地区的领主土地制并不鲜明，以至于找不到根本的冲突起源；巴伐利亚地区状况也类似，尽管程度不及前者。原本可能诱发反抗的因素，即德意志东部地区对行动自由的限制、地主制的不断加强、赋税的持续提高，却根本没有使反抗发生！这很可能是因为这些地方缺少德意志西南部那种发达的农民自治形式。发达的自治形式加上不断增长的税收压力以及政治参与权受到的威胁，成为西南部，特别是城市化程度较高地区动荡不安的导火线。[15]

1524 年 6 月，在黑森林南部地区的一些村庄，农民的反抗不再只是抗议，而开始发酵成战争。宗教改革思想还未在这里产生影响，但是施图林格地区（Stühlinger）的农民对地主的反抗得到了瓦尔茨胡特地区（Waldshut）市民的支持。瓦尔茨胡特地区的市民正在公开反抗他们的哈布斯堡城主。他们的牧师胡伯迈尔（Balthasar Hubmaier）的宗教改革活动为农民提供了依据，这位牧师也是一名茨温利主义者。宗教改革的争论就这样和农民的诉求联系在一起。起义很快蔓延到赫高地区（Hegau）、克莱特高地区（Klegau/Klettgau）、边疆伯爵领地和黑森林南部的大部分地区，最后蔓延到控制着上施瓦本的肯普滕市（Kempten）。针对宗教领主强行对所属农民推行农奴制的企图，农民们直截了当地要求"恢复"旧法。争端导致了阿尔高地区农民的广泛暴动，1525 年 2 月底建立的"阿尔高地区基督教联合体"（die Christliche Vereinigung der Landart Allgäu）是其核心机构。3 月底，各农民团体组成了"基督教联合体"（Christliche Vereinigung），并形成联盟秩序。

法兰克农民也起义了，与此同时，符腾堡、图林根、普法尔茨和阿尔萨斯也爆发了日益激烈的骚乱，此次骚乱蔓延到蒂罗尔、萨尔茨堡和"内奥地利"，一直波及瑞士。据说在 1525 年 4 月有 30 万农民参加了起义。4 月初，帝国宰相兼美因茨选帝侯不得不答应在自己的领土内遵守《十二条款》[《米尔滕贝格合约》（Miltenberger Vertrag）]。在短时间内，起义的农民得到了蒂罗尔、施泰尔马克和图林根等具有重大经济意义的矿区矿工的支持。此外，鉴于社会生活条件的相似，起义地区的小型农业城镇存在大批的支持者。相反，帝国城市附近的市民则坚决与之保持距离。尽管如此，农民运动显然也是起义地区附近的一些城市发生动乱的原因。沃尔姆斯、美因河畔法兰克福、施佩耶尔、美因茨、弗里德贝格（Friedberg）、林堡（Limburg）和科隆都属于这种情况。因此，一些历史学家不再称之为农民战争，而称之为"起义"（Erhebung）甚至是"平民革命"（Revolution des gemeinen Mannes）。在文献资料中，"平民"一词应被理解为包括农民在内的所有不具备统治能力的臣服者。这也证明了改革运动具有广泛的城市市民基础和农民基础。[16] 这一解释虽有一定的合理性，但只适用于很短的一段时间。此外，由于与各自的当权者的关系不同，城市市民和农民之间的结构性差异仍然存在。

随着地域的扩张，农民战争越来越激烈。自 1525 年 3 月以来，修道院和城堡不断遭到抢劫。由诸侯、骑士和帝国城市组成的施瓦本同盟（der Schwäbische Bund）对此予以暴力反击。1525 年 4 月 4 日，格奥尔格·特鲁赫塞斯·冯·瓦尔德伯格（Georg Truchsess von Waldburg）领导的同盟军队首次击败了巴尔特林根（Baltringen）农民军。1525 年 5 月 12 日，这支部队击败了符腾堡农民军。四天后，阿尔萨斯农民军在萨韦尔讷（Zabern）附近被击败。1525 年 5 月 15 日，黑森方伯菲利普和萨克森公爵格奥尔格的军队在图林根击败了由托马斯·闵采尔领导的农民军，并最终赢得了弗兰肯豪森（Frankenhausen）战役的胜利。闵采尔把农民起义看作虔信者进行统治和不信神者受惩治的开端，因此使用暴力有其合法性。与此相反，路德坚决反对任何暴力反抗世俗权威的理由。尽管他也强调当权者有义务实施正当的统治，但是如果当局不照此行事，那么臣民也没有理由来反对当局。[17]

宗教改革与城市市民阶层

"宗教改革是一个城市事件"，1974 年美国研究宗教改革的历史学家亚瑟·G. 狄更斯（Arthur G. Dickens）这么说。[18] 尽管他的话有所夸大，但是这句话还是触及了一个中心点：德意志帝国的改革运动在城市中产生了尤为持久的、变革性的影响。教会历史学家伯纳德·莫勒（Bernd Moeller）于 1962 年在颇具研究意义的《帝国城市与宗教改革》（*Reichsstadt und Reformation*）一书中对此进行了解释。该书提到，"中世纪晚期城市（已有）宗教合作意识"，城市"（有）一种倾向，认为自己是基督教整体中的一小部分"。[19] 教区与市民社区的统一为社会接受宗教改革的神学理论和教区原则提供了基础。与此同时，城市议会的寡头统治与市民团体要求参与权之间的对立日益加深，在此情况下，宗教改革的教区原则越发使人信服并彰显政治影响力。此外，作为改革神学之核心的唯独《圣经》原则也有利于宗教改革为社会所接受。早期的宗教改革主要是建立在文字基础上的改革，它以布道为载体，以传单和《圣经》译本等印刷物形式传播。宗教改革还使用图片，让不识字的人理解这些内容。最后，歌唱和器乐在宗教改革中也发挥了作用。教堂唱诗班成为改革派的圣道礼仪（Wortgottesdienst）的重要组成部分。

德意志很多城市的政治和社会紧张局势走向了高潮，与此同时，宗教改革和市民的教区原则之间的密切关系推动了宗教改革神学理论的接受过程。伯纳德·莫勒写道："在很多地方，市民向城市议会一口气提出了配备一名福音派牧师、停止向教会支付利息、更多地参与城市管理等多项要求。"[20] 城市的内部矛盾源于城市议会在行使权力时，单方面废除了中世纪晚期政治理念所主张的互利互惠。誓约联盟不应再是行使权力的基础，取而代之的应是当局和臣民之间的等级结构。自 15 世纪末以来不断增加的城市内部冲突表明，城市议会的这种主张未被接受。

每当经济或财政问题必须得到解决时，矛盾就爆发了。在 16 世纪的头几十年里，人们对经济已十分担忧。所以莫勒提出的"城市共识体"（die Konsensgemeinschaft Stadt）一词只是理想；在宗教改革时期，现实的表现是"冲突共同体"（Konfliktgemeinschaft）。[21] 但两者并不矛盾，因为改革派神学理论获得巨大共鸣正基于它宣扬的理想中，即教区在宗教和政治上是统一的。美国历史学家托马斯·A. 布雷迪（Thomas A. Brady）和伯纳德·莫勒在 20 世纪七八十年代就这一问题产生的争论具有强烈的时代性。现在从概述的、调和的角度出发，该争论可视为已解决。[22]

城市议会必须回应教区的神学—政治性要求，否则教区提出保卫城市内部和平的主张，将会相当危险。而且帝国城市只有证明自己是有决定力和执行力的情况之下，贵族等级才会给予城市议会在帝国议会上的发言权，对于城市议会来说，教区的诉求便更具有政治爆炸性了。根据组织模式和优势群体的不同，城市议会对此给出的答复也有差异，例如，"贵族领导的议会和受行会影响的议会就截然不同"[23]。地区之间及信仰派别之间也会有差异（例如，汉萨城市的路德宗运动显然不同于帝国南部城市受茨温利主义影响的运动）。城市领主尝试将城市纳入自己的管辖范围，这也可能导致内部的两极分化。而由于近代早期很多地方采取疏远皇帝的态度，以皇帝作为领主的帝国城市在此时尚未受触及。对城市宗教改革的研究呈现了五花八门的结论，并且也考虑到改革不成功或甚至没有发生改革的情况，这表明我们不能对改革的效果进行单一归因。[24]

近代早期几乎所有主要的城市都加入了宗教改革。不仅有南部的大型帝国城市，如奥格斯堡、巴塞尔、乌尔姆和斯特拉斯堡，还包括西部的城市如沃尔姆斯、施佩耶尔、美因河畔法兰克福和美因茨；只有科隆仍然忠于天主教会。此外，德意志北部和东部的大型帝国城市和汉萨城市也进行了宗教改革，如不来梅、汉堡、吕贝克、不伦瑞克、马格德堡、米尔豪森、施特拉尔松德、维斯马、罗斯托克以及但泽。虽然进程有所不同，但在改革成功的城市，其社会结构都发生了变化。教会生活的组织者不再是天主教神父、僧侣和修女，而是人数明显较少的福音派牧师。他们都有一位合法的妻子，大部分也有孩子。早在 16 世纪中叶便流传着这样一句谚语："牧师的书多，孩子也多。"（Der Pfarrer hat viele Bücher und viele Kinder.）比起以往的天主教神职人员，福音派神职人员直接生活在由教区成员构成的世界里，其结果是，他们与神职事务疏远，而与世俗日常生活亲近。在城市中，改革派的神职人员通过建立传道部（所有牧师的联合）来保持机构的影响力。早在 16 世纪下半叶，教会和世俗之间便出现了新的冲突。

除了导致城市社会结构的变化，宗教改革的成功也促使城市议会接掌教会的管理权。这意味着，由教区（由议会所代表）指派所有的牧师岗位，自行管理教会的财政，并领导和监督负责济贫、医疗、社会和教育的各个系统。城市—教区自治带来的好处说明，政治和宗教改革运动的"联盟"获得了成功。但与此同时，它也显示了议会当局权力不断扩大的潜在风险。

骑士暴动

改革的支持者不止农民和城市市民，德国下层贵族骑士的政治—社会运动也受到了宗教改革的影响，其中包括帝国骑士以及领地贵族。特别在世纪之交，伴随着骑士理想生活的破灭，帝国骑士阶层在经济和政治上的窘迫状况促使一些帝国骑士成为路德的第一批世俗追随者。弗朗茨·冯·西金根（Franz von Sickingen，1481~1523）早在 1520 年就为路德提供了来自中莱茵地区贵族的保护。1522~1523 年，西金根领导了伟大的骑士暴动，骑士们把自己看作农民运动的贵族先驱，其核心是通过与宗教改革相结合来使恢复旧的等级特权的要求合法化。然而，神学改革理论与骑士制度之间的联系，并不像它与城市宗教改革以及与农民运动的联系那么紧密。但在对"违背基督的罗马"（unchristlicher Rom）和腐败的教士阶层的抵制中，骑士们发现路德是很好的知音。当时的一些人有明显的反教权主义思想，这对骑士暴动和宗教改革的结合十分重要。帝国骑士团中的人文主义者乌尔里希·冯·胡滕在 1522 年的传单中向所有神职人员宣战。在他看来，民族（national）的共同诉求把他和路德联系在一起。但是维滕贝格的宗教改革家路德并不这么认为。1520 年他发表的伟大的宗教改革著作《致基督教贵族书》清晰地记录了路德改革目标的广泛性。他关心的是"基督教人民无关罗马约束的团结"（romfreie Solidarität der christlichen Völker）。[25] 胡滕显然误解了路德在宗教领域的自由概念。

　　尽管早期对改革运动的支持建立在误解的基础之上，但它们之间的相互联系变得越来越重要。继维滕贝格和纽伦堡之后，弗朗茨·冯·西金根所在的艾贝恩堡（Ebernburg）发展为第三个福音派教区。1521 年，西金根废除了以前的弥撒，取而代之的是每日的礼拜。通过教区基督教信仰，骑士、市民和农民与路德宗神学理论建立了联系，这种信仰模式的轮廓直到宗教改革运动早期才开始出现。帝国骑士团坚决把协作型的政治统治模式作为他们的联盟准则，这一准则直到中世纪晚期也仍然有效。

　　自 1522 年起已缔结六年的"兄弟会"（Brüderliche Vereinigung）是上莱茵河骑士团的政治—军事保护同盟，它具有相当的宗教特征。因为同盟之间不应再以武力解决它们的争端，而应在合乎身份的仲裁委员会上解决；他们应该在基督徒的兄弟情谊中彼此相处。同盟在政治上没有影响力，但即使没有骑士阶层的参与，基督教盟约神学的政治影响仍有所增强。在与特里尔选帝侯兼总主教理查德·冯·格雷芬克劳（Richard von Greiffenklau, 1467~1531）的斗争中，弗朗茨·冯·西金根基本没有得到贵族的支持，尽管他想以"推广福音"（dem Evangelium eine Öffnung machen）来为战争辩护。1523 年，西金根被帝国诸侯联军打败，施瓦本和法兰克的骑士们便不得不屈服于施瓦本同盟的军队。至此，帝国和诸侯国的骑士独立运动宣告结束。他们的目的是重建有利于下层贵族的领土组织结构。从当时的骑士阶层视角来看，这种政治与宗教改革神学的联盟本有可能保护下层贵族的阶级自由。在当时的高级领主贵族看来，这一暴动是落后的，且注定要失败。

3　回稳：宗教改革、帝国和领地

宗教改革者教区理念的包容性，即宗教和社会相互融合，有利于宗教改革平稳发展。然而，随着16世纪20年代的结束，宗教改革不再是一场自发运动，相反，此时变成了由领主或城主在所属领地或城市有计划的、在政治层面支持或反对宗教改革。以往的马克思主义研究将这两个阶段分别称为"平民和教区改革"（Volks- beziehungsweise Gemeindereformation）和"诸侯改革"（Fürstenreformation），且对教区改革评价更高。其理论依据是，在世俗权威的引导下，宗教改革已经背离了其本质。这一解释与以下事实相悖：德意志北部的教区改革仍然在16世纪40年代进行，也就是说两个阶段是相互重叠的。此外，有研究指出教区改革和诸侯宗教改革的影响也是并存的，这一点也反驳了上述观点。因为当城主和领主主动采取政治行动时，绝不意味着宗教将自动承担起政治的功能，即一者取缔另一者。

中世纪晚期以来，世俗当局干涉宗教利益的做法一直普遍存在，并且在乡村和城市教会形成的过程中一直存在。鉴于帝国层面的紧张局势，承认第二个基督教派是难以想象的，所以新的教会系统需要持续地得到稳固。当时的发展方向取决于与地区相关的众多的前提条件。因此，宗教领主对进行彻底的宗教改革明显没有浓厚的兴趣。坚决维护封地制度的主要是封地贵族，因为这与他们的经济利益相关。可能也正由于这个因素，宗教领域的世俗化只进行过一次：德意志条顿骑士团在

1525 年成为普鲁士公国。与宗教领地相比，世俗领地原则上并不反对进行宗教改革。对它们来说，这一步一般来说是值得的，因为它意味着以牺牲宗教管辖权、修道院和教会财产为代价，扩大政治影响并获得经济利益。各地方等级会议的态度也是一个政治因素。等级会议中的大部分贵族成员和他们的诸侯领主或皇帝之间是效忠和封授关系。因此，支持或反对宗教改革的决定也受到这些传统法律关系的影响。土地领主违背各等级的意愿而决定改革，或者各等级违背领主意志进行改革，都是不可行的。因为后者相当于质疑领主的宗教权威，亦即质疑其统治权的根本所在，这种事无论在何处都不曾发生。

宗教改革一般从领主和等级会议的决定开始推行。巡视制度（Visitation）不仅在萨克森地区，而且在所有奉行新教的诸侯国，都是最成功的执行工具。它是早期基督教主教职责的延续，如今由混合委员会来执行。这个委员会由世俗官员和神职人员共同组成，并由世俗当局任命。福音教会的建立通常随着正式的教会条例的起草而完成，从礼拜制度到学校和教育系统，从教会财政到救济制度，这一切都受到规范。

宗教改革在帝国的延续，对皇帝和帝国政治体（Reichsstände）的关系产生了重要影响。帝国议会分裂为两个宗教派别，加剧了自 15 世纪末以来帝国诸侯［要求等级自由（ständische Libertät）］和君主制统治者皇帝［主张普遍君主制（monarchia universalis）］之间的矛盾。1555 年的《奥格斯堡宗教和约》（der Augsburger Religionsfrieden）在法律范围内承认了新教信仰及其教会组织机构。

自那时以来，国内和平为两个教派都提供了保护。其结果就是促进了宗教改革运动的结束。但是各个方面都表明，《奥格斯堡宗教和约》只是一种妥协。第一，此和约并没有结束信仰的斗争，这些斗争仍在继续。在 1555 年之后的几年里，两个教派的绝对性主张甚至有所增强。然而，争端的方式应该是和平的，法律程序仍然明确开放。第二，和平只扩展到两个教派——茨温利主义者 / 加尔文主义者直到 1648 年还被排除在外。这样看来，世俗统治的宗教中立之路还很漫长，但 1555年 9 月 25 日的帝国议会决议标志着它的开始。第三，选择教派的权力只属于世俗帝国政治体，而不属于个人。只有在混合教派的城市里，才允许选择不同的信仰。但是每个人都有权移民（beneficium emigrandi）。第四，世俗帝国政治体有权决定其臣民的宗教信仰（ius reformandi），这在政治上颇具影响力。帝国的法律学家确定采用教随国定原则。应当指出，在帝国层面通过宗教和约确立的信仰平等性原则（Parität），在领地层面反而受到阻碍。因为在领地层面，统治者的目标是通过教派统一维护中央集权的利益。教派共存在好几代人的岁月里都未能实现。而《奥格斯堡宗教和约》的签订也加速了伴随宗教改革，同时也是由宗教改革激化的关于帝国统治形式的讨论：既不接受有等级属性的邦联模式，也不接受由皇帝实施的君主集权制模式。从长远来看，土地领主制塑造了德国的宗教秩序和统治秩序，并且直到 19 世纪，地区多样性仍是其重要特点。

第四章

什么是宗教战争？

——战争与暴力

16 世纪末至 17 世纪中叶，欧洲的教派地图反映了宗教分裂情况十分严重。某些国家（西班牙、葡萄牙、波兰和一些北欧国家）保留或再次推行了统一的宗教信仰，其他一些国家（法国、英格兰、尼德兰）受到宗教战争不同程度的影响；还有一些国家（德意志帝国、瑞士、奥地利）仍然是混合教派。直到三十年战争结束，整个欧洲宗教与政治之间的关系仍不明朗，局势紧张。1618 年，教派之争升级为第一轮军事冲突也在情理之中。我们可以将三十年战争的第一阶段描述为"宗教战争"。在 16~17 世纪的欧洲，冲突可以分为三种不同的模式：纷争、均势和夺魁。但是，矛盾冲突的核心总是相同的：鉴于各教派对真理的主张相互排斥，如何决定基督教政策？最重要的是，如何付诸实践？政治和宗教应在其规范上相互关联，这一点直到 17 世纪中叶都无可非议；但它却与宗教改革早期文献一直强调的政教分离背道而驰。人们本应借由一种合法性论据，即信仰的"辩护叙事"，来确立基督教政策，但这种依据此时还存在分歧。因此，自 16 世纪中叶以来，整个欧洲一直在激烈争论暴力是否基于宗教理由而变得合理，并且从这个意义上说，是否能发动一场"正义的战争"。16 世纪末以来人们打算恢复被不同教派破坏的秩序，也属于传统的合法的战争理由［正当理由（iusta causa）］。而这只能通过摧毁特定教派的"上帝的敌人"来实现。因此，战争对象的范围有可能不受限制。由于教派之争持续不断，"对战争的再次神圣化"
（Resakralisierung des Krieges）已走到穷途末路。[1] 1648 年
签订的和平协议为统治秩序与宗教信仰之间的关系提供了一些
新的准则。

1　16 世纪中期以来的欧洲教派冲突

欧洲关于宗教和政治的辩论是相互关联的。二者在中世纪
晚期有着相似的传统，这为它们提供了一个共同的出发点。相
互借鉴和相似的知识储备把博学的精英彼此联系起来，共性越
来越多。这就是为什么欧洲各地的法学家、神学家和政治家对
有关战争和暴力合理性的争论都有所了解；他们也都参与了有
关政治参与权的争论，自 16 世纪初期以来，这种政治参与权
为各等级反抗君主集权制提供了辩护。由于教派分裂，政治冲
突获得了更大的力量，各教派对真理的主张加剧了政治组织模
式方面的冲突。由此产生的战争可以理解为宗教战争，因为从
中可捕捉到"宗教阐释及感知模式的社会动员性作用"。[2] 这
个来自法国研究的定义正好符合 16 世纪下半叶欧洲的情况。
但跨越教派的对宗教真理的诉求很快就与构建内在世界的诉求
联系在一起，而后者往往也是一种政治权利诉求。

施马尔卡尔登战争与诸侯的抵抗：1546~1555 年
德意志帝国的宗教战争

德意志民族的神圣罗马帝国被当时的人们看作混合君主
制帝国。自 1495 年沃尔姆斯帝国会议（Wormser Reichstag）
以来，有四个机构一直处于核心地位：帝国议会、帝国最高法
院、帝国专区以及帝国宫廷枢密院。帝国的首脑是皇帝，皇帝
由七位选帝侯选举产生；帝国议会由世俗和宗教的选帝侯、侯

爵、伯爵、领主以及帝国城市的代表组成。当时的法律学说难以界定帝国的统治性质。16 世纪的辩论所围绕的不是"国家性"（Staatlichkeit）问题——这是 19~20 世纪的观点，而是如何在各个合法组成部分之间建立一种平衡的却又有倾向性的秩序的问题。这早已成为 15 世纪后期帝国改革运动的核心问题。例如，帝国文秘大臣贝托尔德·冯·亨讷贝格（Berthold von Henneberg，1441/1442~1504）将皇帝称为第一元老（primus inter pares），因为皇帝是由选帝侯选举出来的，而自 1493 年以来成为罗马皇帝的马克西米连一世（哈布斯堡王朝）则强调加强帝国的君主统治，即皇帝的地位。这两种立场都援引了传统的双重统治秩序；矛盾的焦点是双方不同的权力倾向，到底是倾向于君主制统治还是倾向于帝国阶级参与统治的诉求。对此有一种非常恰当的描述："欧洲地区总是趋向于达成一致的政治基础。"[3] 在 16~17 世纪的整个欧洲地区，这种角力一直有激发冲突的可能。

96

　　自 16 世纪初以来，德意志帝国会在选举承诺书（capitulatio）中会明确各方的权利。卡尔五世是第一个在 1519 年当选皇帝之前签署这一承诺书的人；承诺书因而也成为权限目录。[4] 宗教运动很快加剧了宪法的冲突。1529 年在施佩耶尔召开的帝国会议上，争执第一次公开上演。信奉天主教的帝国政治体要求继续执行 1521 年沃尔姆斯帝国会议的决策，并以此来回击宗教改革运动。由于在涉及宗教事宜方面，帝国议会多数派的决定在传统上是无效的，支持宗教改革的帝国政治体对此表示抗议（它们从那时起被称为"新教帝国政治体"，后来称为"新教徒"），并且退出帝国议会。从那时起，帝国议会分裂为不同的宗教阵营，并且多数派决定废除之前公认的议会委员会的工作方式。[5]

　　从那以后，新教帝国政治体开始担心皇帝会使用暴力来解决宗教问题。一场激烈的争论随之产生，即对于不履行保护臣民的义务，反而试图用武力阻止臣民坚持信仰的当权者——皇帝，是否可以行使反抗权；同时也讨论了谁拥有这项权利。因此，帝国改革运动的辩论重新开始，并涉及新的方面：皇帝和帝国诸侯之间难以定义的关系也是其中的核心。或者换句话说：帝国是君主制还是贵族制政体？如果选择后者，那么诸侯就是自己掌权的当权者，虽然皇帝作为"第一元老"是霸主（Oberherr），但诸侯不是臣民（Untertanen），而是独立自主的下级统治者（Unterherr），皇帝只有履行其义务，诸侯才会追随他为封君和宗教首领。如果皇帝违背他的职责，他就不再是权威，而变成一个暴君，那么贵族阶级就有义务重新恢复秩序，如有必要，可以使用武力。反之，如果帝国被定性为君主制政体，那么诸侯就是皇帝的臣民，只有在特殊情况下才能行使反抗权。

由于与宗教问题相互联系，一系列融合了神学、罗马法和采邑制背景的合法性论据出现了。这强化了当时的辩论中将帝国视为贵族制政体的判断，并且大大加剧了皇帝和新教帝国政治体之间的对立。1531 年，新教帝国政治体成立了一个防御同盟，即施马尔卡尔登同盟（der Schmalkaldische Bund），以该同盟的塑造者和领导者黑森侯爵菲利普和萨克森选帝侯约翰·弗里德里希一世（Johann Friedrich I，1503~1554）为同盟首领。在同盟的保护下，新教的势力范围在随后的几年有所扩大，成员还包括符腾堡公爵和波美拉尼亚公爵。

事实上，卡尔五世并没有拒绝为恢复基督教的统一而发动战争。但是出于外交政策的考量，他最终退缩了。在他的公开声明和备忘录中（这些文件出现在 16 世纪三四十年代两个阵营的公开激辩期间），卡尔五世确实没有使用"为了宗教而战"这种措辞。这并不奇怪，因为卡尔五世认为自己

是一个护教者（defensor fidei），是保护者和教会代言人
（protector et advocatus ecclesiae），是信仰和普遍君主制的
捍卫者，只有依靠他，才能确保宗教统一成为法律的基础。因
此在这些作用之下，卡尔五世有权向不信神者发动战争，推
动教会改革并且打击异教徒。这些职责是在《旧约》流传已
久的传统中形成的。皇帝把自己看作和平的使者，一个拦阻
者（katechon），必须阻止他人毁灭世界的统一。皇帝一方所
持的论据与其统治理念有关。无论是德意志帝国政治体还是
西班牙国会（cortes）的政治体，都把皇帝当作家长的角色，
当作祖国之父（pater patriae），皇帝可以要求自己臣民的服
从和肯定。[6] 在 1530~1534 年所发生的冲突（符腾堡公爵乌
尔里希重新进入其祖传统治区）以及 1542 年所发生的冲突
［施马尔卡尔登同盟成员暴力驱逐了信仰天主教的海因里希·
冯·沃尔芬贝特尔公爵（Herzog Heinrich von Wolfenbüttel）］
中，皇帝立足于传统的采邑范畴和罗马法范畴辩称：新教贵族
必须尽一切可能恢复他们通过战争暴力所伤害的"土地和平"
（Landfrieden）。

　　同时，新教贵族也有话要说。1534 年和 1542 年的冲突表
明，施马尔卡尔登同盟致力于发表信仰声明。[7] 可与此同时，
两位同盟首领也明确地表示，军事行动既有助于确保他们自己
的宗教信仰，也有助于确保自己的统治权威，即帝国的等级
自由（libertät）。作为政策顾问参与决策制定以及决策合法
化进程的神学家和法学家们为对立双方拟定了日益细化的辩护
理由。

　　因此，为了化解矛盾而隐瞒、掩饰信仰，无论对于皇帝还
是信奉新教的政治体，都非良策。[8] 信仰与权利、政治与宗教
彼此交织，这是众所周知的；对当时的人们来说，问题主要在
于各方有不同的侧重。若说皇帝视维护基督教统一为在帝国内

进行君主统治的任务，那么在新教政治体看来，即使有造成分裂的影响，信仰自由都应是等级自由的一部分。从沃尔姆斯帝国会议到施马尔卡尔登战争之间的几十年都受到这种分歧的影响。[9]

1532 年所谓的《纽伦堡和约》对帝国境内的新教徒承诺了一定限度的宽容；关于双方和平共处的最终决议有待一次全国性的宗教会议予以确定。卡尔五世坚定不移地实现这一目标，这表达了他不可动摇的信念，即基督教的统一可以得到维护。然而，自 16 世纪 40 年代中期以来，教会无法再服众；在 1545 年的沃尔姆斯帝国会议上，新教代表公然拒绝了将按皇帝的要求召开的宗教会议，帝国会议的谈判也因此受到影响。当它在 8 月初结束时，皇帝和施马尔卡尔登同盟之间的战争一触即发。由于神圣罗马帝国面临的外部威胁已变得可以预判（1544 年与法国签订和平协议，1547 年与苏丹停战），并且教宗提供了财政援助，皇帝便开始计划使用武力。1546 年 7 月 20 日，萨克森和黑森被指控袭击沃尔芬贝特尔公国、侵犯"土地和平"，被施以帝国禁令（Reichsacht），剥夺法律地位。因为施马尔卡尔登同盟军的加入，施马尔卡尔登战争便拉开了序幕。早在 1546 年底，德意志南部的新教贵族就向军事上占优势的皇帝支付了大笔军税以示屈服。在 1547 年 4 月 24 日易北河畔的米尔贝格（Mühlberg）战役中，皇帝战胜了德意志中部和北部的施马尔卡尔登同盟军。两位同盟首领都被囚禁，只有坚持抵抗的北德意志帝国政治体还在与皇帝战斗。

战争的胜利给了卡尔五世机会来实现普遍君主制，以及强化帝国的君主制元素。这终究没有成功，一方面是因为信奉天主教的帝国政治体尽管在信仰上是一致的，但是对于加强帝国的统治并没有兴趣；另一方面是因为卡尔五世的宗教政策被证

明是相当不受欢迎的。1548 年 5 月 15 日皇帝在奥格斯堡帝国
会议上颁发的教义协定（Augsburger Interim，即仅针对新教
徒作出规定的《奥格斯堡临时协议》）遭到了强烈的反对，反
对的呼声在德意志北部和东部尤甚。在帝国的大部分地区，这
份协议根本没有得到执行。相反，一场关于自卫权和反抗"违
背基督的当权者"（eine unchristliche Obrigkeit）的新辩论
展开了，并蔓延到了诸侯领地和城市领地。马格德堡市是尤为
显著的中心，它被剥夺法律保护，并在 1550~1551 年被帝国
军队围困了一年多。该市的神学家和议员合著并于 1550 年印
发的《马格德堡信纲》（Confessio）将反击自卫与当时的政
治—神学辩护论据联系在一起，这得到了下级地方官员的支持，
其中也包括某些帝国城市当局。《马格德堡信纲》的影响远远超
出了德意志的范围。彼时全欧洲正在开展关于统治权的分配及
其制度化的辩论，这份信纲便是当中重要的德语文本。[10] 卡尔
五世在面对德意志北部和东部的明显反抗时几乎无能为力，因
为除包围马格德堡外，军事干预都停止了。对这位前期在军事
上获得成功的皇帝的"双重反对"[11] 导致了普遍君主制构想的
失败。

　　一个由帝国诸侯组成的反对派很快便成形了，包括梅克伦
堡 – 什未林公爵约翰·阿尔布雷希特（Johann Albrecht）、勃
兰登堡—安斯巴赫边疆伯爵阿尔布雷希特（Albrecht）以及
黑森方伯威廉（Wilhelm），他们首先看到"德意志的自由"
（die teutsche libertät）受到了威胁。根据时人的描述，他们
拒绝"像在西班牙以及其他地方所见的那样，如野兽般、痛
苦难忍地、永远地受人奴役"（der viehischen, untreglichen
und ewigen servitut wie in Hispania und sonsset gesehen
wirdet）。[12] 这个"诸侯反对派"的领导人是萨克森选帝侯莫
里茨（Kurfürst Moritz von Sachsen，1521~1553），他从

皇帝阵营的成员转变为帝国政治体的盟友，当时的人们因而把他看作"迈森的犹大"（Judas von Meißen）。在法国的资助下，这位年轻的选帝侯组建了反帝联盟。作为回报，他在《尚博尔和约》（Frieden von Chambord，1552 年 1 月 15 日）中将帝国城市梅斯、图勒和凡尔登割让给法国。诸侯反对派军于 1552 年 3 月发动了一次袭击后，卡尔五世苟延残喘地败逃至因斯布鲁克。皇帝的弟弟、"罗马人的国王"哈布斯堡家族的斐迪南一世（Ferdinand I von Habsburg，1503~1564）签署了和平条约（1552 年 8 月 2 日）。《帕绍条约》（Passauer Vertrag）结束了短暂的"诸侯战争"（Fürstenkrieg，1552 年 3~5 月），废除了《奥格斯堡临时协议》，并且约定在下一次帝国会议时签订一项宗教和约；监禁中的黑森方伯菲利普被释放。[13] 在签订《帕绍条约》的谈判过程中，可以克服德意志政治组织模式危机的方法已经显现：不是抓捕信仰上的对立者，而是因时制宜地签订临时和约。就算不能镇压其他教派，这个和约也有存在的价值。1555 年《奥格斯堡宗教和约》（Augsburger Religionsfriedens）便是如此。"帝国联合体"（Reichsverband）接受了信仰的差异，在这个联合体中，两种教派——路德宗和天主教徒——应该共存。在 1648 年的《威斯特伐利亚和约》（Westfälischen Frieden）中，加尔文主义者 / 改革主义者才得到帝国法律的承认。

尼德兰地区的教派之争：自 1566 年起
脱离西班牙

政治和宗教冲突的相互交织是欧洲的典型现象，16 世纪教派斗争也具有这种特征。虽然地区有所差异，但是德意志和尼德兰地区的发展具有相似性也不足为奇。

自 15 世纪末以来，尼德兰各省均为哈布斯堡领地。尼德兰各省在 1477 年的"大特权"中获得了自治权，明确了传统的特权，其中主要包括集会权和税收许可权。自 1464 年以来，尼德兰三级会议（die Staten Generaal）作为诸省的代表机构而存在，在省级层面则出现了"阶级"（staten），即省级等级代表机构。这个"三级会议"向新的统治者宣誓效忠，颁布法律，并且可以裁决领主的赋税要求。例如，荷兰阶级会议最初是由贵族、僧侣和各个城市的代表构成的。天主教教士在 15 世纪末被驱逐出等级代表大会，城市市民阶层的影响因而逐渐扩大。[14] 哈布斯堡统治者的政策旨在将统治权集中在土地领主的手中。这反映在教会管理一级的体制改革（建立三个尼德兰教会省）和各省对德意志神圣罗马帝国约束的逐渐脱离上。然而，南部各省和北部各省存在语言和地理上的差异：南部使用法语，北部使用低地德语方言。随着改革的引入，这些矛盾加剧了；北方各省倾向于改革运动，南方各省仍然忠于天主教会。

　　尼德兰现代虔信派（devotio moderna）①和与德意志相类似的近代早期人文主义共同创造了改革运动的基础。在代芬特尔（Deventer）、兹沃勒（Zwolle）、坎彭（Kampen）和格罗宁根（Groningen）以及其他省份的拉丁语学校里，人文主义是教育的基础；伊拉斯谟在作品中把自己与宗教改革运动联系在一起，并整合出了基督教人文主义。深受市民影响的尼德兰文化，与德意志经济区的密切贸易往来，和大型印刷业的接触（尤其是在安特卫普），这些都有利于对路德神学的深入接受。然而，早在 16 世纪 20 年代后期，就有人试图阻

103

---

　　①　也称作"现代灵修运动"，14 世纪由荷兰平信徒发起，后也包括圣职人员的热心灵修运动，寻求经由默想和祈祷使心灵接近上帝，强调宗教体验胜于系统神学的反省，主张节制私欲偏情。——编者注

止路德的著作的传播。这些书和路德的追随者一样葬身大火（1545~1565 年，宗教裁判法庭处决了 1300 名异教徒）。宗教改革运动的影响并没有因此而结束，但它缺乏坚实的组织结构，因此大量的教派平行共存。[15] 自 16 世纪中叶以来，随着加尔文的作品被翻译并引进尼德兰，以及其在埃姆登（Emden）、斯特拉斯堡和伦敦的尼德兰难民社区发挥的作用，加尔文主义的影响逐渐扩大。1561 年，传道者居伊·德·布雷（Guy de Bray，1522~1567）所写的《比利时信纲》（*Confessio Belgica*）一书成为尼德兰最重要的加尔文主义著作。经济危机和社会紧张局势主要由宗主西班牙的限制政策引发，这导致 1565~1566 年宗教、政治和社会矛盾的加剧。贵族的反对派认为自己的等级特权受到"外国统治者"的限制。因此他们反对西班牙国王费利佩二世（König Philipp II，自 1555 年以来一直是尼德兰各省的统治者）所执行的严格的中央化政策，他试图用这些政策来阻碍宗教改革运动的发展。

1565 年 11 月，埃格蒙特的拉莫拉尔伯爵（Lamoral von Egmont，1522~1568）和霍恩的菲利普伯爵（Philipp von Hoorn，1526~1568）以及奥兰治的威廉亲王（Prinz Wilhelm von Oranien，1533~1584）成为第一批从国务委员会辞职来抵抗西班牙王室对异教徒的无情迫害的人。他们从 1356 年的布拉班特"光荣入城"事件（Joyeuse Entrée，尼德兰语称 Blijde Inkomst）中找到了这一做法的理由。在这次事件中，传统的贵族自由得以保留。他们将自己的反抗行为定性为正当防卫，这一概念在当时已有清晰的含义并且借鉴了罗马法。在欧洲范围内，这开启了一场漫长的、关于尼德兰反抗所谓"违背基督的当局"的合法性的辩论。1566 年 1 月，一群有加尔文主义倾向的贵族联手达成所谓的妥协，并要求尼德兰总督帕尔马的玛格丽特（Margarethe von Parma，1522~1586）废除严厉的迫害异端的法律。他们的让步因为不尽如人意而被驳回，尼德兰各省反对西班牙统治的起义爆发了。他们的发言人强调了该运动的合法性，并驳斥了任何认为该运动是叛乱的指控。与德意志一样，尼德兰的冲突中，人们抵抗"违背基督的当局"的权利是基于一个事实，即这种既违反了良心自由又侵犯了公民特权的权威，是一种暴政。合法的传统的防卫权适用于这种情况。在尼德兰人的辩论中，也包括以武力剥夺当局职务的权利。

由教士和富有公民（包括高等贵族）组成的暴动成员，首先通过遍布各省的圣像破坏运动来发起具体的反抗。总督试图通过严厉的措施来镇压骚乱，但参与的公民和贵族拒绝接受暴力解决方案。废除宗教裁判所和赦免"妥协派"成员带来了暂时的缓和。与此同时，天主教礼拜仪式得到了恢复，但路德宗和加尔文宗的礼拜仪式也首次得到了容忍。1567 年，阿尔瓦公爵德托莱多（Fernando Alvarez von Toledo，1507~1582）继玛格丽特担任总督后，情况进一步恶化。在 1567 年 9 月的一次宴会上，阿尔瓦公爵逮捕了埃格蒙特伯爵和霍恩伯爵以及其他一些高等贵族。不久之后，埃格蒙特伯爵和霍恩伯爵被处决。在"防暴委员会"（Rat der Unruhen）的帮助下，所有被怀疑为异端的人都受到了监视；到 1572 年，已经执行了 1000 多次死刑。由于采取了这些措施，约有 60000 名难民离开。他们在德意志北部和西部城市寻求保护。西班牙王室严格的宗教政策只会增加民众的抵抗。1568 年，奥兰治的威廉与法国胡格诺派领袖孔代（Condé）以及科利尼（Coligny）签订了同盟协议，却发现没有任何盟友在军事上支持他。尼德兰贵族圣阿尔德贡德领主菲利普斯·范·马尼克斯（Philips van Marnix van Sint Aldegonde，1540~1598）是奥兰治的威廉的知己，于 1569 年出版了讽刺作品《神圣罗马教会的蜂巢》（*Der*

Bienenkorb der Heiligen Römischen Kirche），他在作品中猛
烈地抨击了天主教会，为圣像破坏运动者辩护，并且根据等级
自由为各省解放斗争的合法性据理力争。

106 　　1572 年，荷兰省未经总督同意就在多德雷赫特
（Dordrecht）聚集了各省代表，并于 7 月 20 日宣布奥兰治的
威廉为自己的总督。这决定性地改变了法律定位：决定总督人
选的不再是国家领主，而是尼德兰各省代表大会的代表。在西
班牙军队与尼德兰起义军（geuzen）发生军事冲突后，尼德
兰起义军于 1574 年 10 月成功击退了西班牙人。随着 1576 年
11 月 8 日《根特协定》（Genter Pazifikation）的签署，尼德
兰各省代表大会为起义注入了新的动力；他们与荷兰省和泽
兰省商定了一项军事互助条约来抵御西班牙人，并打破如条
约里所写的"迫使尼德兰人成为奴隶"的企图。迫害异端的
法律被废除，加尔文主义/改革宗的信仰在荷兰省和泽兰省得
到承认。然而，只有北部省份取得了这些发展，南部省份仍
然忠于西班牙王室。这导致了该地区的分裂：1579 年 1 月 6
日，南部各省的贵族联合起来组成了阿拉斯联盟（die Union
von Arras）。他们继续承认费利佩二世为合法国王，并强调
天主教信仰是唯一有效的。作为对抗措施，荷兰省、泽兰省
和乌得勒支省在 1579 年 1 月 23 日组成了乌得勒支同盟（die
Utrechter Union）。这是一个防御性同盟，它承认各省的特权
和信仰自由；对抗西班牙人的共同斗争把各省团结在一起。经
过长时间的搜寻，他们找到了法国国王的兄弟阿朗松公爵——
安茹的弗朗索瓦（Franz von Anjou, Herzog von Alençon，
1555~1584），奉他为尼德兰各省的总督。

　　随着 1581 年 7 月 26 日《誓绝法案》（Plakkaat van
Verlatinghe）的签署，尼德兰宣布脱离西班牙国王的统治。[16]
在此过程中，神学和政治组织层面的合法性论据如此紧密地交

织在一起，它们相互补充，在近代早期社会中，将两者分开是
不可想象的。这种交织在研究中一直有不同的解释：起义和脱
离西班牙到底是叛乱、内战、解放战争、独立战争，还是革
命，取决于 16~17 世纪是传统秩序的中断还是延续。[17] 宣言
的第一部分明确援引了《旧约》，称基督教诸侯是好牧人，是
有爱心的父亲，是"祖国之父"。国王和诸侯必须照顾那些托
付给他们的人。如果没有做到，例如国王不尊重臣民的特权和
权利，臣民就有权离开这个未尽职守的、违背基督的国王。宣
言的第二部分从法律和采邑制度角度进行论证，也得到了跟上
面相同的结果：与即位时保护臣民的誓言相反，国王以暴力侵
犯臣民，并处决了等级代表；对于这样一个违背誓言的统治
者，人们无须再尽义务，因此所有的臣民都会一致决定离开
国王。

在宣言的制定者看来，摆脱摄政是合法的行为，是对古老
秩序即传统特权的重建。在时人的眼中，这不是叛乱或革命。[18]
就这方面来说，16 世纪后期有关尼德兰的争论仍然在欧洲政
治交往的框架内进行。

两个阵营的战斗一开始仍然未分胜负；1584 年，安茹的
弗朗索瓦因为没有在军事上取得成功而再次离开了这个国家。
直到 1587 年合适的新领主都没有找到，尼德兰各省更是偶然
成为共和国。等级代表大会的代表可以合法地自行统治。然
而，保留总督职位表明他们坚持传统的君主制统治。

法国的宗教战争

法国经历了最尖锐的宗教政治冲突；后世研究基本上同
意，自 1562 年以来，法国宗教各方之间发生过八次军事冲突，
称为宗教内战或教派战争。

表 2 法国的宗教内战

年代	和平条约签订地
1562~1563 年	昂布瓦斯
1567~1568 年	隆瑞莫
1569~1570 年	圣日耳曼
1572~1573 年	布洛涅
1574~1576 年	博略
1576~1577 年	贝尔热拉克 / 普瓦捷
1579~1580 年	弗莱克斯
1585~1598 年	南特

跟德意志和尼德兰一样，对法国君主制而言，教派暴力冲突升级的原因也是政治和宗教相结合的。从 16 世纪初开始，法国的君主和等级代表大会之间的对立在欧洲也很典型。时人称它为"assemblée des trois états"（三级会议，即贵族、神职人员、市民阶级）。等级会议的代表是"地方的代表"，他们由执法官辖区（bailliages）——地区管理单位——选举产生。三级会议无可争议地拥有批准新税权和提出申诉的权力。与英格兰议会不同，三级会议无权定期召集会议。强大的法国国王可以通过不召集代表而迅速摆脱等级的参政诉求。与德意志或英格兰不同，法国国王自中世纪以来就拥有不受限制的立法权限。与欧洲的其他地方相比，等级参与的必要性也大为降低。[19] 然而，法国三级会议绝不是没有职能的反君主制反对派机构；特别是巴黎高等法院（das Pariser parlement）作为最高法院具有特殊的作用，很多省级高等法院也一样。所以他们把自己看作王国基本法律和基本权利（lois fondamentales）的保卫者。直到 17 世纪中叶，君主和等级代表们仍然互相依赖，彼此的互动是务实的。[20] 在瓦卢瓦的弗朗索瓦一世（Franz I von Valois，1494~1547）的统治下，王朝成功地稳固了王位的世袭；国王死后，王位只是依循惯例传给下一个男性亲属，而

没有订立继承法。因此，新国王不受其前任的命令和义务的约束，所有特权、职务必须重新确认。与欧洲其他地区相比，新任官员因而获得了特别大的独立性。然而，在 16~17 世纪，国王和等级代表总是强调或承认王权的界限。很明显，这些等级代表比国王本人更严格地遵守了这一点。但是在当时的争论中，与英格兰和德意志君主一样，法国国王也被认为是国家的监护人和管理者（le tuteur et intendant de l'État）²¹，是所托付的政权的保护者和守卫者。

　　由于贵族内部的分帮结派和改革运动相互联系，自 16 世纪中期以来，法国国王不容置疑的无上权力陷入了一场危机。与尼德兰一样，法国最初对路德宗神学的接受度很低。直到 16 世纪 30 年代中期，改革的影响才有所增强，其影响主要来自加尔文的追随者及其关于神学和教会秩序的改革著作。1536 年出版的加尔文的神学核心著作《基督教要义》到 1559 年出现了法文译本。法国新教徒胡格诺派主要集中在城市教区。加尔文通过他写于 1541 年的《教会律例》（ordonanntes ecclésiastiques）来支持胡格诺派组织。该著作基于加尔文在日内瓦的实践为教区管理提供了规范，依照对《新约》的理解规定了平等并存的"四重职分"：牧师、执事、教师和长老。

　　法国对新教运动追随者的迫害开始于惩办异端的命令（1539 年 6 月 24 日）。然而其效果并不是很明显，比起对新教发展的阻碍，镇压的企图（包括自 1540 年起对瓦勒度派的迫害）反而巩固了新教的发展。尽管王室和议会实行严格的排斥政策，国家的政治和宗教团结是最高信条，但加尔文主义教区依然继续增多。自 16 世纪 50 年代中期以来，除了受过教育且富有的城市市民阶级，对形势越来越不满的贵族（包括他们的臣民）也加入其中，其中包括纳瓦拉国王波旁的安托万（der König von Navarra, Anton von Bourbon, 1518~1562）

110

和他的弟弟孔代亲王路易（Ludwig, Prinz von Condé, 1530~1569）以及海军上将加斯帕尔·德·科利尼（Admiral Gascard de Coligny, 1519~1572）等高等贵族。信仰上的反对派和政治上由高等贵族组成的反对派联合在一起，共同对抗严格信奉天主教的高等贵族吉斯（Guise）家族的统治，后者在宫廷具有巨大的影响力。由于改革运动也与改革前的高卢主义运动有关（即反对教宗的过度影响），贵族反抗的政治爆发力持续增强。

自 1547 年以来，法国国王亨利二世加紧了对加尔文主义的限制，他也为政权的统一而担忧。迫害异端的行为由王家法庭负责，自 1557 年《贡比涅敕令》（Edikt von Compiègne）颁布以来，所有改革主义教义的拥护者都受到了死刑的威胁。1559 年 7 月 10 日国王早逝后，这一严格的政策导致国内政治进一步两极分化。王太后凯瑟琳·德·美第奇（Katharina von Medici, 1519~1589）代替未成年的王位继承人查理九世（Karl IX 1550~1574）摄政，在她的统治之下，敌对的贵族派集团继续获得影响力，而年轻的女摄政王在宫廷中不占上风，也缺乏国内的认可。权斗是以教派对立的形式和手段展开的。凯瑟琳试图在贵族团体之间进行调解；在首要大臣米歇尔·德·洛皮达尔（Michel de l'Hôpital, 1505~1573）的支持下，她召开了自 1506 年以来就没有召开过的三级会议。然而，期望的平复效果并没有达到，相反，围绕着吉斯家族的天主教派系加强了与西班牙天主教国王费利佩二世的接触。作为反击，女王试图加强与胡格诺派的关系。在《圣日耳曼敕令》（Edikt von St. Germain, 1562 年 1 月 16 日）中，他们至少被允许进行非公开的宗教活动（在私人住宅里进行礼拜）。但是，天主教团体却破坏了这一宽容。1562 年 3 月 1 日，聚集在瓦西（Vassy, 洛林）进行礼拜的 60 名加尔文主义者遭到吉斯公爵弗朗索瓦（Franz von Guise）追随者的袭击和杀害。当胡格诺教徒继续扩大其防御工事并且武装自己（prise d'armes）时，调解政策失败，宗教内战开始。

军事争端并无结果，也没有置任何一方于死地。此外，双方都得到了国外的支持：西班牙间接地加强了天主教方面的力量，英格兰、德意志加尔文主义者（改革宗）和一些瑞士州向胡格诺派提供了援助。面对王室权威的迅速衰落，女摄政王孤注一掷，于 1572 年不顾一切反对，试图通过强迫她的女儿瓦卢瓦的玛格丽特（Marguerite von Valois）与胡格诺派领袖、纳瓦拉国王亨利（Heinrich von Navarra，1553~1610）联姻来达成和解。1572 年 8 月 18 日，数千名胡格诺教徒拥入巴黎庆祝在此举行的婚礼。最近的研究证明，正是由于两天前对海军上将科利尼暗杀未遂，在这种环境下便发生了针对胡格诺教徒的臭名昭著的圣巴托洛缪大屠杀（Bartholomäusnacht，1572 年 8 月 24 日清晨）。女摄政王下令暗杀，是为了阻止海军上将科利尼的亲加尔文主义的外交政策。[22] 年轻的国王查理九世对此一无所知，为了在查理九世面前掩盖自己的行为，女摄政王编造了一个其实从未存在的胡格诺教徒的阴谋。随后，查理九世下令杀死胡格诺派的领袖；从策划好的谋杀扩大到对巴黎城内城外的其他胡格诺教徒的大规模屠杀，这是巴黎街头人群大规模歇斯底里的结果，它已经无法控制。

这次屠杀所招致的教派政治对立的加深是不可避免的，加尔文主义联盟 [23] 和天主教同盟（由吉斯家族领导）之间的对立持续固化。自 1584 年以来，加尔文主义者纳瓦拉的亨利（国王查理九世和他的兄弟亨利三世都没有合法继承人）就在继承顺序中居于有利位次，这个"有威胁性"的情况在 1589 年 8 月 1 日国王被暗杀后成为毁灭性的现实。天主教同盟试图阻止其发生。由于所谓的宗教中立的政略派（politiques）的支持

［其中包括法学家让·博丹（Jean Bodin，1529/1530~1596）］，纳瓦拉的亨利终于在 1593 年登上王位称亨利四世。代价是他必须皈依天主教［"巴黎值得做一次弥撒"（Paris vaut bien une messe）］。在 1598 年 4 月 13 日颁布的《南特敕令》（Edikt von Nantes）中，天主教徒与胡格诺派达成了和解。双方应该相互容忍，不受干扰地开展宗教活动。此外，胡格诺派获准保留所谓的安全区（配备自己的部队）。在随后的几年里，国王试图整合贵族反对派，并通过城市和议会来巩固自己的地位。正因为国王实现了国家的稳定，他在 1610 年 4 月 14 日被一名狂热的天主教徒暗杀，这对法国统治的巩固而言是严重的挫折。

自 16 世纪中叶以来，政治神学辩论在教派分裂的法国也有发生。这与在尼德兰进行的辩论十分相似。和那里一样，辩论也升级为激烈的宗教—政治冲突。圣巴托洛缪大屠杀成为 16 世纪末欧洲教派斗争和教派狭隘的最血腥的标志。这场屠杀引发了法国历史上第一次暗杀国王事件（1589 年对亨利三世的暗杀），以及博丹和政略派对宗教中立的君主政体的合法化，也促成在法国展开一场深入的、整个欧洲都可借鉴的关于政教关系（也包括政权结构）的辩论。像在欧洲其他地区一样，这场辩论围绕的主要问题是：对一个未能履行基督教善治义务的权威当局进行抵抗具有何种合法性和波及范围，其参与者由何人组成。神学叙事和政治理论叙事是相互联系的。早于英格兰，但在德意志和尼德兰的事件及论点的影响下，且尤其是在圣巴托洛缪大屠杀的冲击下，一种需要严肃对待的反君权理论（monarchomachische Theorie）[24] 得以确立，它复兴了古希腊罗马时期制定的谋杀暴君权，但它也符合 16 世纪反抗有损《圣经》救护义务的"违背基督精神之当局"的实际情况。像法国国王对其新教子民所做的那样，如此不可原谅地忽视对其臣民的保护的统治当局便不再是权威，因此对其服从的义务也是不必要的。基于这一论点，这种权威是暴虐的，即非法的统治。为了反抗这一暴政，人们有权自卫，包括使用武力，直到谋杀暴君。这种权利的合法性与罗马法律体系中的紧急防卫和防御性抵抗有关，它已经对德意志和尼德兰各省发生的争论产生了影响。如前所示，这一权利由职权明确的官员行使，并且排除了普遍个人来行使抵抗权的可能。法国下级官吏（magistratus inferior）和上级官吏（magistratus superior）之间也有区别。这种统治的合法性最初是由新教徒阵营的反君权主义者西奥多尔·德贝兹（Theodor von Beza，1519~1605）、弗朗索瓦·奥特芒（François Hotman，1524~1590）、于贝尔·朗盖（Hubert Languet，1518~1581）和菲利普·迪普莱西 - 莫尔奈（Philippe Duplessis-Mornay，1549~1623）提出的。[25] 就像尼德兰辩论中的许多参与者一样，对他们来说，原始的统治契约的存在是统治者与被统治者之关系的核心，而这并不是法国的发明。自 16 世纪三四十年代以来，在德意志的新教徒和天主教徒之间的冲突发生之后，罗马法律传统与寄寓在创世秩序之中的基督教自然权利思想之间的联系便成为政治统治秩序的正当理由，为整个欧洲所接受。这些论据以类似的方式被应用在各处具体的政治冲突中。我们无法通过某位理论家或学者证实对它的接受和 / 或它的影响，当然也没有必要去证实。最近的研究发现 [26]，在欧洲的不同地区都有相同的思路，它们都产生了类似的政治影响。

这些论点非某个教派所特有。例如在 1589 年的法国，对谋杀暴君的辩护以相反的形式再次出现。按先前的见解，杀害天主教国王亨利三世之所以是正当的，是因为他不再拥有臣民的信任，所以他被视为暴君。法国和西班牙的天主教反君权派人士，包括让·布彻（Jean Boucher，约 1548~1644）和胡安·德·马里亚纳（Juan de Mariana，1536~1624）把这一理论运用到实践中。[27] 与之相对的是，让·博丹反对他们的观点。[28] 他从胡格诺战争的经历中得出这样的观点：君主作为中立的政治力量，必须站在敌对的教派之上，以中和双方对真理的绝对要求，从而结束宗教内战。此观点的核心理念是把"主权"（Souveränität）归于君主。博丹在 1576 年的作品《共和六书》（*Six livres de la république*）中，把国王描述为共和国统治秩序的领袖。全部统治权力汇集于这一权位中。然而，对博丹来说，这绝不意味着背弃国王应负的任何责任。拥有主权的王侯虽然没有位居其上的世俗或精神的领主，也不受法律的约束（legibus solutus），但总要对上帝负责，或者更确切地说，以十诫的形式服从《圣经》的自然权利的约束。

尽管法国在亨利四世的统治下有所巩固，但 17 世纪初的法国并不是一个完全受君主权力扩张影响的君主制王国。宗教内战造成的等级社会的分裂仍然很严重。因为亨利四世的儿子路易还是个未成年人，所以亨利四世的遇刺造成了新的权力真空。王太后玛丽·德·美第奇（Maria von Medici，1575~1642）的统治导致胡格诺派的不满和新教贵族的反抗。对许多人来说，王太后的内外政策似乎与欧洲的天主教势力过于亲近。长时间未召开的三级会议在 1614~1615 年首次重开，会议商讨的内容极具争议性，等级之间的利益冲突最终导致无法采取实际行动。三级会议不能解决当时的任何问题，因而不再召开。分歧的受益者是年轻的国王路易十三世（König Ludwig XIII，1601~1643）。他无视宫廷里的众多非议，终于成功地委任了自己的亲信：1624 年 8 月 13 日，黎塞留公爵阿尔芒－让·迪·普莱西（Armand-Jean du Plessis，Herzog von Richelieu，1585~1642）成为首席大臣。出身小贵族的黎塞留是吕松（Luçon）的主教，1622 年后他成为枢机主教。

国王和这位大臣所关注的是，在内外政策中增强王位的威望和权力。它首先针对的是胡格诺派的自治立场，研究称之为"国中之国"（Staat im Staate）。尽管备受限制，但信仰的自由发展无法被阻碍。在当时，以暴力手段实现重建宗教统一的目标并不值得考虑。

法国参与三十年战争，促进了国内中央政府的发展。但是军队的经费越来越捉襟见肘，第三等级（市民阶层）的负担和国王对其他等级特权的忽视引起了批评，最终引发了强烈的反对。大臣兼枢机主教儒勒·马萨林（Jules Mazarin，1602~1661，自1642年接替黎塞留）试图通过提高税收来解决社会的紧张局势和资金缺乏的问题，这导致了1648年1月16日巴黎的投石党运动（起义）。1648年8月27日，冲突演变为暴动，巴黎爆发起义，王室逃到了乡下。但投石党人的分歧再次阻碍了改革的实施。双方于1649年3月签订了一份模糊的条约后，叛乱结束，王室返回巴黎。对年轻的国王路易十四世（König Ludwig XIV）来说，这次贵族起义的经历显然具有决定性的影响：他决心一劳永逸地结束这种对立，这贯穿了其整个统治生涯。相关研究把他实行的国内政策描述为坚持不懈地"巩固权力"（Herrschaftsverdichtung），在当时的人看来，是值得尊重但又让人不安的。[29]

宗教改革与宗教内战：英格兰新教的发展

早在15世纪末，英格兰议会与国王的关系就已表现为王权统治的界限问题。1534年，亨利八世（Heinrich VIII，1491~1547）自上而下地实行改革，加强了他的政治权力，从此他接替教宗，成为新成立的英格兰圣公会的精神领袖。[30] 建立新的教会法律也意味着议会权力的增加，如果没有议会的批准，这种意义深远的变革就不可能发生。议会与国王

118 之间的关系被当时的人恰当地描述为"王在议会"（king in parliament）。然而，本来可以被视为一次神学革新的教会改革并没有发生：亨利八世是路德改革的反对者，他与罗马的决裂，只是出于王权即权力政治的原因（离婚请求）。未竟的愿望，即开展严格意义上的宗教改革，由他的继任者实现，尤其是亨利在第二次婚姻中所生的女儿伊丽莎白一世（Elisabeth I，1533~1603）。

英格兰此前的改革运动，例如罗拉德派运动，为接受改革派神学理论铺平了道路。平信徒，尤其是宫廷或者王室成员对新神学产生了极大的兴趣。亨利八世前两位受过人文主义教育的妻子尤其如此，即阿拉贡的凯瑟琳和安妮·博林。因此，16 世纪下半叶英格兰的宗教改革具有肥沃的土壤。受过教育的律师、大学教师和有抱负的低等贵族成为天主教平信徒敬虔运动和当时改革派神学的中间人。同其他宫廷成员一样遵循人文主义改革思想的国王爱德华六世（Edward VI，1537~1553）于 16 岁结束了短暂的统治，并且玛丽一世（Maria I，1516~1558）女王随后在国内恢复了天主教统治（Rekatholisierung），因此从新教的神学理论和教会制度意义上说，社会变革直到 1558 年伊丽莎白一世统治之时才开始。伊丽莎白一世的教会政策虽然建立在已有基础之上，但与此同时，它也要面对大批神学家［包括埃德蒙·格林达尔（Edmund Grindal）、马修·帕克（Matthew Parker）］的挑战。这些神学家从根本上质疑英格兰教会权力集中的主教制；玛丽一世在位时期，正是流亡欧洲大陆的经历让神学家们

119 对这方面有了深刻的认识。与此同时，有人提出了国王／女王在教会中的作用问题。议会中本来就有贵族明显反对君主坚持强化集权，所以这是个非常棘手的政治问题。严格的教会改革者［清教徒（Puritaner）］和一些公开捍卫其政治参与权的议

员们建立了一个足以引起轰动的政治联盟。自 17 世纪初期以来，在伊丽莎白的继任者的统治下，冲突愈演愈烈。其不再像法国、尼德兰或德意志那样直接基于宗教斗争，但其核心也可追溯至此。

对伊丽莎白来说，这个内政层面的利益阵营也存在隐患，因为其他天主教国家认为她是国王的私生女，毕竟国王的第二次婚姻不被天主教会承认。任何不服从她的呼吁，哪怕在英格兰境内，都敢于自诩是合法的！对伊丽莎白来说，把她的国内政策和宗教政策建立在一个与议会达成一致的稳定的法律基础之上，就变得更加重要了。这由《至尊法案》和《信仰划一法案》（1559）来实现，承认女王是英国圣公会的最高首脑（supreme governor，即"行政长官"而非"元首"）。凭借在下议院里的强势力量，虽然清教的教会内部改革运动也发展为一股政治力量，但是女王设法走出了一条在内政、外交和宗教政策上的中间道路，直到她于 1603 年去世。[31]

随着王位移交给斯图亚特家族（伊丽莎白去世时没有子嗣），她的表侄女苏格兰天主教徒玛丽女王的儿子詹姆斯六世 ①（即英格兰国王詹姆斯一世，1566~1625）登上王位，议会和王室之间的基本共识被打破。这位年轻的国王虽然接受的是新教教育，但他旨在严格实行不受限制的君主制，并且否认议会和王室之间统治条约的合法性。1598 年一篇匿名发表的论文《自由君主制的真正法律》（*The True Law of Free Monarchies*），准确地提出了这些观点。由于上帝选择了国王，世袭国王的地位凌驾于法律之上，所以国王既不能被推翻，也不能被控制。詹姆斯一世因此质疑君主和议会之间的合作，质疑国王作为"第一元老"的地位，质疑以混合君主制作

120

---

① 此处原书有误，原书上写的是詹姆斯五世，实则应是詹姆斯六世。——译者注

为政治组织形式——这些自亨利八世和伊丽莎白一世以来在英格兰就已确立。政治和宗教冲突在英格兰交织在一起，但没有爆发为天主教徒和新教徒之间的教派对立，而是以新教内部关于神学和教会秩序的斗争为形式来一争高下的。

早在詹姆斯一世即位当年，即 1604 年，就出现了两种典型的冲突。一方面，国王拒绝清教徒所期望的、以教区为中心执行长老会章程的英国圣公会改革；另一方面，关于议会参与权的争论开始了。[32] 虽然詹姆斯一世不想完全关闭议会，但他仅仅接受议会发挥有限的作用。在《下议院声辩书》（Apology of the Commons，1604 年 6 月 20 日）中，议员们强调了他们的权利，其中包括在有关公民及其财产权的所有事项上的言论自由。面对关于税收和关税征收权的进一步争议，国王在 1614~1620 年放弃了召集议会。只有不断增长的对钱的需求迫使他于 1620 年改变了政策。议会只在符合某些宗教和经济政策要求的情况下会同意国王征税的要求，因此议会的参与权被公开记录在案。在詹姆斯一世的儿子查理一世（Karl I，1600~1649）的统治下，局势持续紧张。非常自信的议会试图通过巧妙的策略迫使国王同意定期召开议会。1628 年提交的《权利请愿书》（Petition of Rights）旨在加强议会的征税同意权，以及保护议员不受任意逮捕。这将消除王室在立法倡议上的优先地位（特权），并承认普通法（common law）是更高一级的法律。国王不顾这些提议，解散了议会，在 11 年后（1640 年）议会才得以重新召开。

在这个被一些同时代人定性为暴政的无议会时期，查理一世实行个人统治，即拥有唯一的决策权，因此他不仅提出君主专制的统治要求（Herrschaftsanspruch），而且主张自己拥有统治权能（Herrschaftskompetenz）。他的宗教政策不说支持，至少也容忍了英格兰的天主教潮流，因而也有助于从外部通过教宗和欧洲天主教国家来稳固自己的统治。王权和议会之间的对立日益紧张，外部冲击导致局势升级。[33] 它始于苏格兰叛乱，这次叛乱是针对国王的政策，他意在通过严格按圣公会理念制定的教会章程将苏格兰与英格兰更紧密地联系在一起。1638年2月，这个加尔文主义盛行的国家加入了旨在捍卫自己教派信仰的《民族圣约》（National Covenant）。1638年11月，苏格兰废除了安立甘宗主教制教会，国王采取了军事措施（第一次主教战争），但苏格兰人在1639年击败了英格兰军队。军事上的失败和相关的财政困难迫使查理一世召开了不受欢迎的议会。1640年4月13日召开了所谓的短期议会，但根据议员的要求，它在三周后被解散。与此同时，对苏格兰人的第二次军事战争失败之后，英格兰人不得不在停战条约中承诺偿还战争费用。面对空荡荡的国库，国王被迫再次召开议会。1640年11月3日，所谓的长期议会召开。

在当时的形势之下，议会采取非常强硬的立场，迫使君主在宪法政治以及宗教政治方面作出更大的让步。混合君主制的理想变成了宪法的现实。在1642年6月，《十九条提案》（Nineteen Propositions）甚至呼吁向没有君主制成分的共和宪政秩序过渡；这就意味着议会迄至此时在制度层面的抵抗要求对政治组织秩序进行一次根本的改变。[34]

这可以被理解为内战的开始，因为自那时以来，不仅国王和议会相互对峙，整个英格兰社会也分为了两个阵营。这在议会部队组建过程中（1642年7月12日）非常明显地表现出来，人们宣称国王的军队招募令为非法，并逃避招募。在20世纪末，英格兰的内部斗争也被马克思主义史学总结为阶级斗争，即英格兰"早期资产阶级革命"（englische frühbürgerliche Revolution）。[35] 如今的研究对此观点持保留态度，反而把该冲突描述为受两种不同教派影响的政治组织模式之间的斗

122

争。此观点恰如其分地强调了宗教在政治纠纷中的关键性作用。[36] 在整个英格兰社会和议会中，遵循主教制教会模式的圣公会信徒，和以清教徒为代表的长老会模式的支持者相互对立。由清教徒地方贵族奥利弗·克伦威尔（Oliver Cromwell，1599~1658）领导的议会军队［圆颅党（Roundheads）］得到清教徒的支持；他们大多数是城市中产阶级，并因此拥有决定战斗结果的经济资源。国王的军队［骑士党（Cavaliers）］得到了大多数赞成等级森严的主教制教会模式的贵族的支持。议会军队于 1645 年 6 月 14 日在纳西比（Naseby）击败了王家军队。[37] 虽然这一胜利结束了第一次内战，但没有带来持久的和平。相反，公开的权力问题使政治组织形式产生剧变，其表现是 1649 年 1 月 30 日公开处决被指控为暴君的国王，并在 1649 年 3 月 17 日废除上议院的同时宣布成立共和国。英格兰多数人的战争目标，即永久恢复混合君主制，并没有达成；取而代之的是"蓄意推翻一直被视为上帝所愿的社会制度"。[38] 正是这种经历使托马斯·霍布斯（Thomas Hobbes，1588~1679）形成了他的政治理论。面对一场全民混战，必须确保有一只强大的手来保护人们，以防止他们互相残杀。在霍布斯的构想中，统治不是上帝创造的，而是作为一种双重契约而产生；每一个人将他的统治权让渡给唯一的统治者（社会契约）；而契约确认这一唯一统治不再被颠覆。[39]

波兰宽容和"骚乱"：16 世纪
和 17 世纪初的贵族共和国

"波兰宽容"（die polnische Toleranz）指 16 世纪波兰不同教派（如路德宗、天主教派别、加尔文宗）和平共处，这已成了一种固有印象（或自我形象）。然而波兰也爆发过教派之争，尽管是 17 世纪初才发生的。与欧洲其他地区一样，这些争论在波兰贵族共和国也与关于统治中的等级参与权的公开争论联系在一起。从这方面来说，波兰贵族共和国也是欧洲历史的一部分。自 1569 年以来，波兰和立陶宛通过君合国的形式成立了选举君主制国家。早在 15 世纪末 [《涅沙瓦条例》（Statuten von Nessau）]，贵族的权利，尤其是重要的自行召开会议的权利，就已经得到确认。[40] 地方总议会对税收和军队部署的问题作出决定。瑟姆议会由波兰和立陶宛的地方总议会联合组成，分为参议院（Senat）（王家委员会，由高等贵族组成）和众议院（Landbotenkammer, Izba Poselska，即地方议会代表，包括低等贵族和三个城市，分别是但泽、埃尔宾、托伦）。在 1505 年拉多姆（Radom）帝国会议上，众议院议员们强迫新当选的亚历山大国王（König Alexander，1461~1506）接受所谓的《无新法》（nihil-novi-Konstitution）①，据此，没有议会的同意，国王无权颁布任何新的决议 [自由否决权（liberum veto）]。[41] 这为议会的权力奠定了基础，从此以后，立法属于它的职权范围。国王只能在其框架内发布命令。

与欧洲其他地区一样，宗教改革运动在波兰首先为这些人群所接受：受人文主义教育的贵族、源自普鲁士王国地区的三个主要城市（但泽、托伦、埃尔宾）且主要使用德语的城市市民阶级。然而，早在 16 世纪 20 年代早期，国王西吉斯蒙德一世（König Sigismund I，1467~1548）就禁止引进和拥有路德的著作。但泽议会在 1524 年任命路德宗传教士的尝试也遭到了国王的严厉禁止。1548 年国王去世后，越来越多的新教教会成立，但这些教会属于不同的流派，例如被驱逐出波希米

---

① 即《拉多姆宪法》，全称为 "nihil novi sine communi consensus"，意为 "无公众同意就无新事务"。——编者注

125 亚的"波希米亚兄弟会"（böhmischen Brüdern）。在 1552 年的瑟姆议会上，当时已占多数的众议院新教议员们要求停止借由异端审判权迫害新教徒的行为。1555 年新一次会议通过了"临时"法案，该法案确保贵族们直到召开全国宗教会议期间都拥有宗教信仰自由和福音布道的权利。在但泽、托伦和埃尔宾三个城市，宗教改革自 16 世纪 40 年代末以来同样盛行。[42]

在特伦托宗教会议之后，天主教会的改革运动在耶稣会教士的大力参与下，蔓延到了整个欧洲。16 世纪末以后，改革运动作为深受宗教会议影响的人文主义浪潮也在波兰贵族中间流行。耶稣会神父斯坦尼斯劳斯·霍苏斯（Stanislaus Hosius，1504~1579）继承这一运动，通过建立耶稣会学院 [1565 年在布劳恩斯贝格（Braunsberg）]，开始与柯尼斯堡（Königsberg）的新教大学竞争。波兰宗教改革者扬·瓦斯基（Jan taski，1499~1560）试图通过建立一个统一的波兰新教教会来团结新教运动，他的逝世使其理念无法产生持久的影响。根据《桑多梅日共识》（Konsens von Sandomir，1570 年 4 月 9 日），各新教流派（路德宗、改革宗、波希米亚兄弟会）约定彼此承认；克服教派分歧的努力是显而易见的。新教神学理论对波兰贵族的吸引力在于，这种神学理论最初产生于基督徒教区内部，在地方性教会组织结构层面呼应了贵族自治的诉求，并且延续了宗教改革之前就已存在的对天主教神职人员的批评。鉴于分裂日益严重，这种吸引力逐步丧失。面对特伦托宗教会议之后天主教在理论和体制上的一致性，涉及多语种的新教教义在波兰没有继续存在下去的机会。[43] 然而直到

126 16 世纪末，加尔文主义强大的影响力依然存在，这主要是受到欧洲范围内关于贵族的辩论（Adelsdebatte）的影响。在波兰，受人文主义影响的天主教贵族安杰伊·弗雷奇·莫杰夫斯基（Andrzej Frycz Modrzewski / Modrevius，1503~1572）

提出了美德贵族是否存在的问题（若他们存在，基于出身的特权便不再是至关重要的）。无论高等贵族还是低等贵族，接受良好教育便可成为美德贵族，加尔文主义本来也想实现这一目标。莫杰夫斯基认为，美德贵族作为榜样应该激励整个波兰社会的变革，因为合乎道德的行为带来良好的政治行为，并且这也是受过良好教育的美德贵族应遵循的法则。从这个意义上说，国王在实际政治中应该服从法律，因此波兰的政治组织形式是当时所讨论的混合政体的一个理想变体。[44] 针对法国法学家让·博丹的批评，执教于但泽学院的加尔文宗哲学家巴托洛梅乌斯·凯克曼（Bartholomäus Keckermann，约1572~1608）为波兰政体的优点辩护，因为它使保持贵族和王国之间的权力平衡成为可能。这种跨越教派的对混合政体的接受，很可能阻止了反君权理论在贵族共和国中盛行。

　　然而，政治组织上共识和容忍其他教派的意愿一样，都不会持久。早在1573年，华沙联盟（Konföderation von Warschau）的加尔文主义贵族和温和派天主教贵族就宣誓承诺宗教上相互容忍和平等互认。自那时以来，这一直被视为波兰贵族共和国基本法律的一部分，所有未来的国王都不得不承认它。随着1587年瑞典国王西吉斯蒙德·瓦萨（Sigismund Vasa，1566~1632）以波兰的西吉斯蒙德三世（Sigismund III）之名接管波兰王位，对王权的要求却愈演愈烈，即要将一切权力尽可能地掌握在一个人手中。这种要求以及国王与哈布斯堡家族密切的家庭关系尤其加重了加尔文主义贵族的担忧，他们害怕自己不仅在宗教上，而且在政治上存在劣势。自那时以来，贵族内部已经形成了三个派系：保王派、共和派和混合君主制的支持者，他们旨在用不同的方法来解决与国王之间的政制冲突。当西吉斯蒙德三世在1606年想要改革议会、提高固定税收和引进常备军，从而将统治权集中于他一

127

人之手时，以王家元帅米科瓦伊·泽布日多夫斯基（Mikołaj Zebrzydowski，1553~1620）为首的大贵族与以大贵族雅努什·拉齐维尔（Janusz Radziwiłł，1579~1620）为首的新教贵族联合起来，向国王提出了反诉。与此同时，他们在 1606 年 8 月宣布进行叛乱（rokosz）。尽管 1607 年 7 月贵族失败，但内战以谈判的方式结束了，代价是新教贵族失去了影响力。然而，随着叛军头目的谢罪，国王同时也做出了不实行"绝对统治"（dominium absolutum）的承诺。当贵族面对王权进行唯一统治的主张，必须稳固自身影响力时，宗教宽容也就随之结束。例如，与德意志的两个教派在一段时间内停止冲突不同，波兰贵族为了保持其政治影响力而接受恢复单一教派。但是叛乱——这一贵族联盟对其政治目标的执行方式，在 17 世纪之初的波兰就已存在。[45] 与邻近地区的发展相比，贵族共和国的等级制元素持续加强，直至 17 世纪。这也导致在与决策结构更为集中的邻国（如瑞典或俄国）的关系中，波兰外交政策的回旋余地受到了限制。

下奥地利地区的教派冲突和等级对峙

对 16~17 世纪的人来说，哈布斯堡王朝就等同于皇帝家族。直到 1648 年《威斯特伐利亚和约》之后，哈布斯堡王朝的组成在公众认知里才变得重要：它由下奥地利和上奥地利（哈布斯堡的核心地带）的大公国、波希米亚王国以及匈牙利王国共同组成。但是，正是在这些地区，教派冲突和不同等级对参与政治的要求相互作用，成为 16 世纪和 17 世纪初期运动的决定性因素。

自 15 世纪初以来，哈布斯堡的核心地带便拥有自己的农村等级公会，形成了不同的地方等级议会；从那时起，土地的领主几乎也一直是帝国的首脑。由于地方等级议会构成特殊，贵族在这两个层面都占据主导地位。第一等级是高级教士集团（Prälatenkurie），但它因成员人数少而没有发挥特殊作用。因为作为第三等级的市民阶级几乎没有政治影响力，所以贵族阶级成为地方等级议会的主导阶级。正如（几乎）在欧洲的任何地方一样，在奥地利，宗教改革运动也加剧了各等级参政诉求与土地领主对集权的要求之间的对立。最近的研究表明，当鲁道夫二世（Rudolf II，1577~1579）、马蒂亚斯（Matthias，1608~1609）和斐迪南二世（Ferdinands II，1619~1620）等土地领主成为帝国统治者时，冲突总会升级。[46] 贵族阶级的自我意识、等级自由和新教的教区理念存在密切关联。宗教问题加剧了业已存在的社会、经济和政治冲突，"宗教信仰既主导了冲突，也加剧了冲突"。[47] 1568 年，马克西米连二世（Maximilian II，1527~1576）通过颁布《宗教和解协议》（Religionskonzession），使其前任执政时事实上已存在的宗教自由合法化，这是一种依据《奥格斯堡信纲》而来的特权，它赋予贵族阶级在其领土、城堡和房屋内开展新教信仰活动的权利。相应的，国王获得了巨额财政回报。因此，不仅是宗教信仰的独立性，就连等级的政治地位也得到承认和提高。由于他们把这种特权理解为协商约定的，所以他们也认为任何违背自己意愿进行改变的行为都违反了协议。最终，这种解释在新君主上任时便引起了争议。新君主拒绝接受这种约定，并将这种特权描述为可撤销的一次性恩典。契约精神、对传统［古老风俗（altes Herkommen）］的援引、将集体视作一个家长制的大家庭（成员须对彼此负责），以及对良心自由的强调，都是典型的以语言为反抗工具的政治交际要素。在帝国层面上，这也对 1529 年在施佩耶尔召开的帝国会议上的辩论产生了影响。在法国的宗教战争、尼德兰的起义和英格兰的内战中，良心自由这个因素被反复提到。在关于反抗"违背基

129

督的统治者"是否具有合法性的辩论中，良心自由发挥了重要作用。当然，此处涉及的不是个人的良心自由问题，而是"下级当权者"（贵族、行政官、城市议会）要求在其领域内维护自己对上帝之道的见解的问题。上、下奥地利的新教贵族们也援引了良心自由这一点。这一论点主要被用来针对鲁道夫二世，他在复兴天主教（Rekatholisierung）的过程中采取了极其严厉的措施。等级代表们把他的政策形容为"良心的重担"（Beschwerung der Gewissen），并要求信仰自由。反抗失德失职的当权者的权利源自《圣经》，"毕竟它也可说是一本政治教科书"。[48] 如同上文提到的德意志、尼德兰、法国、波兰和英格兰的情况那样，这里将神学论据和法学论据结合起来也是为了使反抗权合法化。16 世纪 70 年代的下奥地利冲突依然关乎等级反抗的合法化问题。毫不让人意外的是，另一方直接颠倒了论据，也宣称自己拥有这样的良心自由！因此，矛盾冲突变为良心自由对不同社会群体而言有何意义的原则性问题。与此同时，这一问题也被证实是一场宪政冲突，它争论的是权力当局面对持不同宗教信仰的臣民所承担的权利和义务的问题。16 世纪末德意志的神学家和法学家们也讨论过同样的问题，下奥地利地方社会乃至个别贵族于是向帝国新教大学的神学院求教。问题始终如一："应该听命于谁，是服从于以皇帝作为至高世俗权威的领地诸侯，还是服从于上帝和信仰的戒律？"[49] 也正是这种宗教自由和等级权利的相互交织，让波希米亚各社会等级在 1618 年反抗他们的新国王斐迪南二世时选择了复兴天主教的措施。而这场教派冲突的国际化导致了三十年战争的爆发。

意大利城邦没有教派冲突？

意大利并没有进行宗教改革，研究上将它称为"非典型事

件"（Nichtereignis）。可显然，这是把德意志和瑞士的宗教
改革视为"正常图景"（Normalbild）而做出的评价。首先，　131
如果我们不进行比较的话，那么自16世纪三四十年代以来，
特别是在较大的贸易城市，便也可以发现密集的改革运动。因
为在这些城市，富裕的、受过良好教育的市民阶级对中欧和北
欧的宗教改革思想有很好的了解。这些运动的发展也与意大利
的人文主义密切相关。其次，生于西班牙、活跃于那不勒斯的胡
安·德·巴尔德斯（Juan de Valdez，约1510~1541）所提出
的神秘主义神学也强化了改革运动的发展。最后，改革思想为修
会的成员所接受，例如锡耶纳的嘉布谴会僧侣贝尔纳迪诺·奥奇
诺（Bernardino Ochino，1487~1564）、奥斯定会的彼得罗·
马尔蒂雷·韦尔米列（Pietro Martire Vermigli，1499~1562）
和彼得罗·保罗·韦尔杰里奥（Pietro Paolo Vergerio，
1498~1565）。这些运动的特点是，它们旨在进行教会内部的改
革，并且产生了非常独特的效果。其他一些没有进行过宗教改
革的地区（包括西班牙）或是回归了天主教会的地区（例如法
国），也出现了同样的做法。从这个意义上说，意大利改革运动
也可以被称为欧洲历史的一个特例：除了教派分裂，还可以出
现天主教取得优势地位、改革运动融入其中的情况。

　　但是，发生在德意志和瑞士的宗教改革运动为何没有在意
大利的大型城市盛行呢？毕竟意大利确实存在自信的、有自治
思想的城市资产阶级，宗教改革和政治改革运动的融合是完全
可以设想的。一个根本原因是：意大利半岛上的小城邦与德意
志和瑞士相比具有完全不同的权力政治条件。在法国和神圣罗
马帝国的冲突旋涡中，只有经济实力雄厚的威尼斯共和国和教
宗国在外交政策联盟中仍有一些回旋余地。卡尔五世首先赢得　132
了对法国的战争，在《马德里和约》（1526年1月14日）中，
法国放弃了对意大利各城邦的所有要求。但是冲突并没有结

束，它又延续了二十年，直到 1544 年 9 月 18 日《克雷皮和约》（Frieden von Crépy）的签订，两个大国在意大利的势力划分才最终得以确定。对有自治意识的城市精英来说，在外交政策总是摇摆不定的形势下，通过内部的安全环境来赢得外部的回旋余地也显得尤为重要。改革教会的诉求意味着向相互敌对的两个天主教大国发起挑战，这无疑太过危险了。因此，从教会"内部"开展改革和秘密倡导改变宗教生活［尼哥德慕主义（Nikodemismus）］的做法符合彼时外交政策框架的要求。从 16 世纪中期起，意大利的"城邦"被牢固地纳入了哈布斯堡统治体系，该体系尤以西班牙总督和总督区为基础。随着 1559 年 4 月 3 日《卡托－康布雷齐和约》（Frieden von Cateau-Cambrésis）的签订，法国和西班牙结束了关于意大利的统治之战；同样结束的还有意大利的政治独立性。随着特伦托宗教会议（1562~1563 年第三轮会议）各项决定的执行，罗马教廷当局获得了宗教政治主导权，这一主导权的影响范围不限于意大利的"城邦"。纵然这场天主教革新运动的性质在研究中还有争议［教会历史学家休伯特·杰丁（Hubert Jedin）反对视改革运动为教会内部的独立事件，而提出了连续性理论］，但它不仅在意大利社会中，在教廷内部也得以稳步推进。[50]

2　三十年战争：宗教战争和权力之战

到 17 世纪，政治和宗教问题的交织仍然占据主导地位。针对特定地区的解决方案表明，天主教会必须对其神学理论和教会秩序进行革新。这与路德宗和加尔文宗的发展是同时进行的。一方面是教廷本身的改革，另一方面是耶稣会教团的建立，两者在巩固天主教方面都发挥了重要的作用。在近几十年的研究中，这种不同教派的平行运动被称为"宗派化"过程

（Konfessionalisierung）。这一论断修正了以前的研究者划分时代的做法，他们提出的"两阶段模型"视新教改革为第一阶段，而天主教改革或"反宗教改革"是对它的回应。

但与此同时，将严格划分三个宗教派别作为欧洲历史的基本准则也受到了质疑。[51] 因为事实证明，教派运动并非在欧洲所有地区都平行发展的。例如，宗教边缘群体（门诺派、浸信会、波希米亚兄弟会等）是否拥教派所特有的结构，是一个悬而未决的问题。此外，对于将宗派化过程描述为"现代国家"（der moderne Staat）形成过程中不可避免的阶段，质疑之声也日益增强。例如，有人提出，一个宗教"强制性国家"（Zwangsstaat）与现代化过程之间有什么关系？[52] 这再次凸显了在评价过去事态发展时，深受时代影响的概念术语是很有问题的。不可否认的是，领土和宗教一体化社会的形成创造了政治和社会条件，在此基础上，可以发展出一种19世纪的国家意义上的统治秩序。但是根据20世纪70年代以来的解释，只有在以线性的逻辑来判断历史变迁的前提下，这种发展才可以被称为"现代化"（Modernisierung）。这种归因完全忽略了传统规范对历史变迁所起的作用。因此特别重要的是，需要指明宗教和政治之间持久的相互关联，这种关联在近代早期的欧洲社会绝不会于16世纪后期结束；相反，这种传统规范的影响力可以延续到17世纪中叶。自由空间的存在证明了在宗教信仰方面形成了不同的关联模式；这些模式是由教派特征和区域特点结合而成的。在这样的自由空间里，人们得以继续抵抗君主制的集权统治。基于此标准，可以得出一个不同的现代化命题：近代早期社会历史变迁的目标以及/或者结果，并不是尽最大可能地集权，而是借助地域和教派的中间力量，对君主统治进行限制。[53]

在17世纪上半叶的欧洲，这种紧张关系仍然几乎无处不

134

在。由于存在两种教派信仰，德意志境内的矛盾冲突特别严重；法国和哈布斯堡王朝也是如此。自特伦托宗教会议以来，天主教革新的有力捍卫者是新成立的耶稣会教团。抱着严格服从教宗的忠心，他们在欧洲几乎所有天主教地区都建立了教团分支，其主要关切的是天主教人口的宗教教育、天主教神职人员的教育和生活方式改革以及促进天主教普通信众的虔信。为此，他们建立了广泛的耶稣会文法中学和大学网络，为未来的神职人员和接受教育的普通信众制定了一套特别而有效的培训大纲。

在德意志，教团省大主持卡尼修斯（Petrus Canisius，1521~1597）承担其领袖角色，从科隆总主教管区和巴伐利亚公国开始，他得以开展自己的活动。凭借其流传广泛的《教理问答》，他在可称为天主教"民众虔信"（Volksfrömmigkeit）的运动中发挥了很大的作用。从这个意义上说，天主教的革新可以进行多方面的追溯，例如神圣场所的建筑和视觉艺术，又如以耶稣剧作为独特的教学手段，再如发展起大量的平信徒兄弟会，等等。

前期历史和诱因

从 17 世纪初开始，天主教革新主义的成功尤其加剧了德意志帝国的紧张局势。但是，既有的对立关系本身并不会导致教派之间的武装冲突。决定性因素是明显的、强权政治的利益冲突。当然，这些利益冲突与教派对立是密不可分的。首先必须提到 1607 年帝国城市多瑙沃尔特（Donauwörth）发生的新教徒和天主教徒之间的对抗。巴伐利亚公爵马克西米连一世（Herzog Maximilian I）宣布对该市实施帝国禁令（Reichsacht），并于 1607 年 12 月占领该市。这一军事进攻激起了 1608 年雷根斯堡帝国议会中信奉新教的帝国政治体的愤怒。由于一些新教帝国政治体的退场，帝国议会并没有达成决议。帝国政体也因此陷入瘫痪。这一轰动性事件的结果是，自 1608 年以来，帝国内成立了两个宗教政治联盟：天主教联盟（die katholische Liga）和新教联盟（die protestantische Union）。自那时起，他们彼此的敌意日益加深。

136

其次，早在 1610 年，于利希 – 克累弗（Jülich-Kleve）地区的继承权之争就已经有升级为战争的危险。1610 年 5 月法国国王亨利四世遇刺，因而矛盾冲突随着继承权的变化再次爆发。最终《克桑滕条约》（Vertrag von Xanten，1614 年 11 月 12 日）为普法尔茨 – 诺伊堡和勃兰登堡之间的领土争议确定了妥协方案。再者，从 1609 年开始，在哈布斯堡王朝的发源地波希米亚，新教帝国政治体和王权之间不断扩大的争执，成为三十年战争的导火线。1609 年 7 月 9 日，皇帝及波希米亚国王鲁道夫二世在皇帝敕令中向新教帝国政治体许诺信仰自由。这一敕令因而被认为是对波希米亚国王的中央集权的保护。然而，该敕令一次又一次地被违反。当鲁道夫为了让他的兄弟马蒂亚斯做波希米亚国王而退位时（1611 年 5 月 23 日），这种情况也没有发生改变。哈布斯堡家族继承权纷争的结果是，耶稣会按照天主教方式严格培养的斐迪南大公成为新的波希米亚国王。1617 年 6 月 6 日，他被捷克议会接纳为未来的国王，但显然不是"推选"出来的；他又于 1618 年 7 月 1 日加冕为匈牙利国王。其推行严格的宗教政策，试图通过复兴天主教来对抗新教帝国政治体的利益，这也使冲突继续恶化。1618 年 5 月 23 日，图恩伯爵海因里希·马蒂亚斯（Heinrich Matthias von Thurn）率领波希米亚贵族代表团在布拉格城堡谴责这位哈布斯堡代理人侵犯了皇帝敕令所承认的权利，这引发了斗殴事件。在说明马丁尼茨伯爵雅罗斯拉夫·博日塔（Jaroslav Borizita von Martinez）和威廉·斯拉法塔伯爵

（von Slawata）两个委员为"我们宗教的最大敌人"的理由之后，他们被毫不犹豫地扔进了布拉格城堡的壕沟里。这个"布拉格第二次掷出窗外事件"（1419 年，胡斯信徒已经发动过一次"掷出窗外事件"了），具有象征意义，随之发生的事件引发了一场全欧洲的宗教战争。

不同的矛盾冲突形成了一个连续的整体，就算在当时看来也是如此。在现今的研究中，每场战争都是相互区别的，它们被没有战争活动的时期打断，并且每次都以签订许多和平协议结束。"三十年战争"的概念源于所谓的德意志"战争剧场"（theatrum Belli）①。其各个阶段根据"永远的敌人"——皇帝——的对手的历史叙事来确定：波希米亚—普法尔茨战争之后是丹麦—下萨克森战争，然后是瑞典战争，最后是法国战争。54

布拉格第二次掷出窗外事件首先引发了波希米亚—普法尔茨战争。在皇帝马蒂亚斯去世（1619 年）后，波希米亚新教帝国政治体拒绝承认其皇位继承人斐迪南为波希米亚国王，尽管在不到一年前，他们已确认斐迪南是未来的国王。相反，他们援引政治体选举权，在 1619 年 8 月 26 日指定普法尔茨选帝侯弗里德里希（der Kurfürst Friedrich von der Pfalz，1596~1632）为新国王。因此，波希米亚内部冲突升级为帝国教派之间的战争。在新教联盟的帝国诸侯中，普法尔茨选帝侯是主战派的领导人；而斐迪南二世则以严格的天主教革新路线构建了另一个阵营。在与天主教联盟领导人巴伐利亚的马克西米连结盟后，在教宗的财政支持下，并且通过与西班牙的密切合作［《奥尼亚特条约》（Vertrag von Oñate），1617 年］，天主教方面的势力大大增强，而新教联盟却一直得不到支持。

---

① 近代早期，欧洲军队对地图需求量大增，反映战况的地图集往往以"战争剧场"命名，以戏剧性的方式呈现战争场景。——编者注

1620 年 11 月 8 日，在布拉格附近的"白山之战"（Schlacht am Weißen Berge）中，波希米亚帝国政治体和信奉新教的后备部队受到致命的打击。普法尔茨的弗里德里希逃亡尼德兰并且被废黜。由于他作为波希米亚国王只在位几个月，后世称他为"冬日国王"（Winterkönig）。他的选帝侯头衔被剥夺，皇帝将该头衔转交给了巴伐利亚公爵马克西米连。皇帝对波希米亚的新教帝国政治体反应很强烈。斐迪南认为，他们进行军事对抗的意图是发动一场叛乱。其首领和许多参与其中的贵族被处死，他们的地产被没收，并交给忠于皇帝的新一批贵族作为采邑。这个新的波希米亚领导层因此牢牢地嵌入了奥地利世袭领地的秩序。

在丹麦国王克里斯蒂安四世（Christian IV，1577~1648）的干预下，丹麦—下萨克森战争于 1625 年爆发。克里斯蒂安四世既是荷尔斯泰因公爵，也是神圣罗马帝国专区下萨克森的掌管者。他想凭借这两个身份把帝国内反对皇帝的新教一方聚集在一起。他的行动得到了资本雄厚的尼德兰共和国的支持。在尼德兰与西班牙停战协议即将结束之时，尼德兰把强大的哈布斯堡王朝视为自己的巨大威胁。虽然原本力求达成的大型反哈布斯堡同盟并没有形成，但英国、丹麦、尼德兰和一些帝国政治体参与了 1625 年 12 月 19 日海牙联盟（die Haager Allianz）。皇帝自己此时已有一支由波希米亚贵族阿尔布雷希特·冯·华伦斯坦为他招募的雇佣军。华伦斯坦凭借这支军队为皇帝效力，获得了丰厚的报酬。"战争事业家"型人物再度出现。这支军队与由约翰·冯·蒂利（Johann von Tilly）指挥的天主教联盟军队合作，战胜了新教军队：1625 年 4 月 25 日，在德绍附近战胜曼斯菲尔德伯爵（Graf Mansfeld）；1625 年 8 月 27 日，在巴伦山麓卢特（Lutter am Barenberge）附近战胜丹麦国王。1629 年 5 月 22 日，《吕贝克和约》（der

Friede von Lübeck）签订。克里斯蒂安四世不得不离开神圣罗马帝国的领土，皇帝也看到了征服帝国北部的机会。1629年 3 月 6 日颁布的《归还教产敕令》（Restitutionsedikt）规定，自 1555 年以来转为新教势力所有的全部教会财产要悉数归还。其结果是，大批新教教堂被关闭，并重建了很多天主教修道院。从新教帝国政治体的角度来看，帝国发展为"中央集权国家"（zentralstaatlich）的迹象变得越来越具体，这也引发了对法律上存有争议的归还程序的抗议。

华伦斯坦的迅速崛起（1628 年受封梅克伦堡公爵）以及他倾向皇帝的立场使选帝侯们感到不满，他们对华伦斯坦的反对之声日益增大，迫使似乎也不再需要他的皇帝于 1630 年 8月 13 日解雇了他。然而不久之前，1630 年 7 月 6 日，瑞典国王古斯塔夫二世·阿道夫（Gustav II Adolf，1594~1632）和他的军队于乌瑟多姆岛（Usedom）登陆，并且占领了波美拉尼亚公爵领地。这是第三阶段，即瑞典战争的开始。古斯塔夫·阿道夫采取这一行为的原因很复杂，该行为在其同时代人中已经引起了争议。依据局势迅速做出的入侵决定与宗教动机、政治动机和个人动机紧密相关。瑞典官方给出的正当理由包括：一方面保护德意志自由（die teutsche libertät）免受皇帝统治诉求的影响，另一方面保护新教徒免受天主教会的迫害。在教派阵营对立的紧张气氛中，这两个理由很可能被用于宣传目的，但这并不必然地折损其真实性。瑞典的这次局部战争，至少像波希米亚—普法尔茨的局部战争一样，是一场"卓越"（par excellence）的宗教战争；同时代的人们已经强调了这一点。此外，对权力政治的考量起到了一定的作用，即瑞典希望通过入侵来增强其在波罗的海地区的主导地位，并且保卫它免受皇帝进一步向北推进的影响。新教的帝国诸侯对新教同盟伙伴瑞典的同情最终占了上风，萨克森选侯国也因此同意与瑞典结盟，勃兰登堡则坚持中立。两次战役的胜利确保了瑞典国王在当时以及后人记忆中的正面形象。1631 年 9 月 17 日，瑞典人在布莱登菲尔德（Breitenfeld）会战中击败了由蒂利领导的天主教帝国军团，并且向巴伐利亚推进。鉴于这种情况，皇帝再次任命华伦斯坦为部队总司令。1632 年 11 月 16 日，他攻入萨克森，迫使瑞典—萨克森军队在吕岑（Lützen，莱比锡附近）作战。瑞典虽然赢了这场战役，但失去了他们的国王：古斯塔夫·阿道夫死于战场上。

随后几年的战斗在没有明确决策的情况下进行。或许是在皇帝的授意之下，华伦斯坦于 1634 年 2 月 25 日在自己位于艾格（Eger）的城堡中被谋杀，因为对所有参战者来说，华伦斯坦在宗教政治战线中的个人立场变得太难以预估了。1635 年 5 月 30 日，皇帝斐迪南二世在《布拉格和约》（Prager Frieden）中就帝国政策的一些路线与萨克森达成一致。他们同意推迟 40 年再执行《归还教产敕令》，此外还要建立一支由皇帝和帝国政治体共同承担的军队，来把帝国领土内的全部外国势力驱逐出境。有相当一部分的新教诸侯也赞成宗教和政治的对立双方在帝国层面上达成妥协。然而，这仍然没有促成战争的结束。

1635 年 5 月 19 日，即《布拉格和约》签订不久前，西班牙向法国宣战；法国人在欧洲范围内日益具有威胁性的优势地位被打破。这是第四阶段，即法国战争的开始。与之前的战争不同的是，它不再具有宗教动机；相反，它是一场专门关于法国和西班牙—哈布斯堡王朝在欧洲统治利益的公开对决。因此，法国和瑞典结成同盟，天主教势力对受新教势力保护的一方实施了军事入侵。所涉部队大多在西班牙属尼德兰北部地区以及德意志神圣罗马帝国境内实施军事行动，并且留下了一片狼藉。

　　法国在罗克鲁瓦（Rocroi）获胜（1643 年 5 月 19 日）后，与西班牙以及尼德兰开启和平谈判；即使瑞典和法国能够获取更大的领土利益，但是 1648 年签订的《威斯特伐利亚和约》对于明斯特（Münster）和奥斯纳布吕克（Osnabrück）两个地方来说是一次"精疲力竭的和平"（ein Erschöpfungsfriede）。[55]

　　三十年战争最终被定性为一场宗教战争，这种判断与作为反对派对抗皇帝的帝国政治体是密不可分的，三十年的最后阶段还发展为一场全欧洲的战争，并且确定了欧洲未来几十年权力政治方面最关键的对立，即法国和哈布斯堡帝国之间的对立。与宗教问题紧密相关的还有政治组织方面的战争对象（materia belli）问题："在三十年战争中，集权制和联邦制政治理念之间也存在斗争。"[56] 1648 年的和平谈判再次讨论了帝国是君主制还是贵族制的问题。因此，这场战争是否可以被称为"国家构建战争"（Staatsbildungskrieg），也是值得思考的。[57] 无论如何，1648 年的和约内容让我们有这两种选择。

《威斯特伐利亚和约》：1648 年的奥斯纳布吕克和明斯特

　　三十年战争结束的标志是一场欧洲和平大会，其参加人数和其决议的涉及范围都达到前所未有的程度。1641 年 12 月 25 日在汉堡预先签订的条约草案中，法国、瑞典和神圣罗马帝国皇帝同意召开这样的大会；1644 年 12 月 4 日，大会终于在明斯特（天主教特使的谈判所在地）和奥斯纳布吕克（新教特使的谈判所在地）召开。分隔两地是必须的，因为罗马教廷拒绝与"新教异端"直接进行谈判。1643~1646 年，共有 109 个代表团抵达，这些代表团代表欧洲 16 个统治政权以及帝国政治体。在此之前，所有参与方都以指示的形式表达了其目标，在谈判过程中可以根据需要做出改变。大会随

142

着两项和平条约于 1648 年 10 月 24 日的签署而结束：神圣
罗马帝国和瑞典在奥斯纳布吕克签订的《奥斯纳布吕克条约》
（Instrumentum Pacis Osnabrugense，简称 IPO）；神圣罗
马帝国和法国在明斯特签订的《明斯特条约》（Instrumentum
Pacis Monasteriense，简称 IPM）。

　　19 世纪的民族史学总是将《威斯特伐利亚和约》的签订
描述为一场灾难，视其为德语区中央统治的结束，以及邻近地
区的领土损失。现在的研究持截然不同的观点。对他们来说，
宣告宗教战争结束的和约具有划时代的意义，而没有让战争在
17 世纪全面蔓延。相反，17 世纪下半叶几乎一直在执行 1648
年的决议。两项和平条约的规定主要侧重于三个领域：国际法
领域、宗教法领域以及宪法政治领域。[58]

　　在欧洲历史上，政治统治首次被称为主权国家，成为国际
法的主体（Völkerrechtssubjekte）。所有参与的国家都承认
彼此有发动战争和缔结和约的权力。然而直到 19 世纪初，与
国际法有关的条约语言仍然深受基督教的影响，这对于弥合宗
教矛盾是有一定作用的。《威斯特伐利亚和约》的措辞及外在
形式已被证实为之后的和平决议及条约提供了典范。和约的获
胜者是法国和瑞典，这两个国家取得了重要的领土利益（法国
获得了上莱茵河的帝国领土；瑞典吞并了西波美拉尼亚，并且
成为称霸波罗的海地区的大国）。在德意志，早已奉行自己外
交政策的世俗领主受益匪浅（勃兰登堡选侯国、萨克森选侯
国、巴伐利亚选侯国 / 上普法尔茨地区）。瑞士最终得到国际
法的承认，尽管它在事实上（de facto）早已如此。帝国宗教
法（Reichskonfessionsrecht）也因《威斯特伐利亚和约》而
被确立，不过，1648 年的规定与 1555 年的规定截然不同。在
《奥格斯堡宗教和约》中，宗教信仰应由各自的土地领主决定，
而《威斯特伐利亚和约》只是将 1624 年界定的现状（status

144 quo）加以明确。因此对教会领地以及在 1624 年以后由领主改变了教派的世俗领地来说，都不会发生改变：在这种情况下，臣民所信仰的教派得到保护。与此同时教派平等得到承认；德意志的加尔文主义者，即改革宗，不是作为第三个教派，而是作为新教的变体被纳入帝国法律。这种平等之所以获得帝国法律的地位，是因为帝国政治机构自那时起建立在平等的基础上。在帝国议会上，两个团体分开投票表决（itio in partes）。任何一个教派团体都无法以多数票否决对方，他们总是需要达成友好协议。其结果是帝国政治体按教派分成两个派别：天主教团体（Corpus catholicorum）和新教团体（Corpus evangelicorum）；它们一直持续到 18 世纪末。为了确保大教堂教士咨议会的投票权，以及众多主教所在的高等贵族家族的重要地位［其中包括维特尔斯巴赫家族（Wittelsbacher）和舍恩伯恩家族（Schönborn）］，帝国教会的政治和宗教作用得到加强。1624 年达成的准则也导致了一些特殊调整，其中最著名的就是奥斯纳布吕克主教教席的轮换继承制：大教堂教士们必须交替着选举天主教候选人和来自不伦瑞克公国信奉新教的王子为采邑主教（Fürstbischof）。尽管承认教派平等，但伴随 1648 年《威斯特伐利亚和约》的宗教问题并没有得到解决。该和约把教派对立表述为政治法律问题，这确实有助于逐步化解潜在的冲突。

正如和约中所写的，《威斯特伐利亚和约》成为永久的帝国基本法（zum immerwährenden Reichsgrundgesetz）。在之后迁往雷根斯堡的帝国议会上，它被宣布为帝国法律的一部分。和约中还包含了关于各政治力量之间关系的若干规定；著

145 名的第八条确认了帝国政治体拥有完全的"等级自由"以及领土主权，并新增了彼此之间以及与外国势力结盟的权力。然而，这些领土并没有因此成为独立的国家，因为主权属于作为

集体的帝国联盟。皇帝显然已经撤回了对于君主至高无上领导权的主张。帝国议会的职权范围扩大了：它在法律、税收问题上变得与在战争、和平决策问题上一样重要，直到1681年帝国战争法制定。帝国专区职责的划分也使帝国行政机关得以强化。这是因为帝国行政机关不仅参与组建帝国军队，甚至还承担了外交政治任务。《威斯特伐利亚和约》中保留了帝国各机关之间的权限划分，但这并没有像早期研究经常声称的那样导致帝国联盟的僵化。相反，该和约确定了传统帝国制度对皇帝设置的界限，并且恢复了自16世纪初期以来皇帝与帝国政治体之间越来越趋于稳定的平衡。

对邻国的政策：外交政策和国际政策

近些年来，研究者们重新发现了外交政策发展和国际关系对评估历史变迁的重要性。这就是《威斯特伐利亚和约》经常被描述为国际关系体系的开始，以及欧洲外交政策的开端的原因。如果从国际法主体的定义出发——这样的主体能通过积极的外交政策来彰显其主权，那么1648年无疑是国际政治史上的一个转折点。考虑到一个需严肃对待的论断，即17世纪中叶并没有19世纪意义上的国家，那么以下这个问题是有道理的：当时的统治是否一直奉行外交政策，如果是，那它应该如何定性？在"重新发现"（Wiederentdeckung）国际政治的同时，还要对参与者、游戏规则以及法律规范的作用进行重新评估。[59] 军事权力的使用形式不再是唯一值得探究的问题，关于同时代人如何描述战争和暴力的研究同样重要。17世纪行动和辩论所依据的广义的政治概念将这两个层面联系在一起。[60]

外交政策不能只由"国家"来推行；研究意见对此是一致的，尤其是在17世纪。[61] 在这一时期的传统欧洲地区，王朝、统治家族及其特定的恩庇制度扮演了决定性的角色。事实证明，

146

这种微观政治对罗马教廷特别有效。它被描述为"出于政治目的而或多或少有计划地利用非正式的个人关系网络"。[62] 由于这些人事的交织，16~17 世纪欧洲统治秩序的内外政策不能被系统地加以区分。此外，市政府 / 参议会的代表作为独立参与者表现积极。15~16 世纪，这主要表现在意大利城邦，16~17世纪则表现在尼德兰和德意志的主要商业中心。当然，拥有关系网和人脉网的个体也已出现。这主要包括贵族家庭、国际贸易商人，以及两个宗教教派的神学家、艺术家和学者。神职人员的交流模式与自 16 世纪初期以来跨宗教的人文主义学者的交流有关。然而，宗教分裂导致两个对立阵营的形成；在这两个阵营中，宫廷传教士和告解神父担任君主的顾问，包括在对外政治领域。[63] 但即便如此，也看不出外交政策具体的宗教特征。[64] 除一切宗教联系外，最终起决定性作用的仍然是王朝利益和权力政治利益。所以最终的政治决定亦是君主本人做出的。对邻国的政策被视为"奥秘"（arcanum），即一个不受公众批评的秘密领域。自《威斯特伐利亚和约》以来，这种影响王朝的、以个人为中心的政治模式在一个十分缓慢和持久的过程中发生改变，并开始向去个性化的统治理念转变。自 16 世纪末以来，国际法和战争法的形成一直伴随着这一进程。[65] 它们的建立旨在防止重新陷入不法的混乱；然而，战争仍然是现实。但是各统治秩序之间的关系由共同的法律规范和行为准则来调节。我们大抵可追溯到罗马法和教会法（规范）传统，这样的传统在中世纪依然鲜活：万民法（ius gentium），亦即国际法。根据自然法理论，每个人都拥有与生俱来的生命和人身安全的权利，这同样适用于政权。在法律意义上，它也越来越多地以行为人的身份出现。国际法发展为一种国际的法律（ius inter gentes，"各国人民"之间的法律）。承袭这些法律传统的首本著作于 17 世纪上半叶出现，鉴于欧洲冲突的升级，它的出现也并不是偶然的。1625 年，尼德兰法学家兼外交官胡果·格劳秀斯（Hugo Grotius）出版了在这一新的法律领域中颇具影响力的著作——《战争与和平法》（*De iure belli ac pacis libri tres*）。

在最近的研究中，政权的自我形象成为人们关注的重点。浮夸的外表隐藏着一种自我表演，这种表演可以分为对内表现和对外表现。[66] 近代早期国际政治中，与这种表演相关的工具是理解复杂的权力关系和外交主张的关键。这主要是因为，在《威斯特伐利亚和约》之前，欧洲不存在高于各自统治利益的公认秩序。

从这些自我表演中，可以发现 16 世纪末到 17 世纪的行为人之间互动的游戏规则。外交中重要的元素之一便是明显经过排演的庆典仪式。它旨在将"外部政治"（在双重意义上）的关注点集中在王朝上，集中在君主身上。通过遵守这些游戏规则，欧洲所有行为人都承认彼此的主权。从 16 世纪末到 17 世纪，这种自我表演常常与宗教方面的表现联系在一起，在三十年战争的背景之下，这种联系更是不断加强，也严重加剧了公众观念的两极分化。图文并茂的传单、嘲讽歌曲或嘲讽诗歌等都被用作表达形式。[67] 在这种情况下，各个统治政权纷纷塑造与宗教有关的敌人形象，其效果远远超出当时的语境，并且直至 19 世纪，都深刻地影响着人们对其他教派及政治制度的认知。政治神话由此产生，后来以民族为立足点的历史叙事和欧洲的记忆文化都与之息息相关。瑞典国王古斯塔夫二世·阿道夫的政治神话就是一个例子。他被塑造成一个反对天主教威胁的新教保护者。另外，三十年战争以来，对圣母马利亚的崇拜逐渐强化并成为天主教坚定信仰的象征之一。

148
149

第五章

近代早期的生活阶段和生活方式

　　近代早期的欧洲社会分为一个个区域。由于所有的通信方式太过缓慢，运输太过艰辛，人们只能在有限的程度上构建更大的统治单位。城镇和村庄的居民唯一关心的是他们直接的生活世界，这个世界一边制造着冲突，另一边又在克服冲突，因为"邻里"作为一种秩序原则，理所当然地构成了社会制度。考虑到欧洲对外部世界的认知在不断扩大，我们必须一再强调近代早期社会实际的规模是非常狭小的。

　　在所有论述之中，"家庭的重要性"及家庭在人口发展中的作用是无可争议的。家庭中的成员既属于不同的世代，又属于不同的社会群体（仆役和一家之长），还属于不同的性别（父亲和母亲）。因此，家庭成为近代早期社会的核心。虽然在欧洲天主教地区，人们有合法的替代家庭的生活方式，但是在欧洲新教地区，这种选择是有限的。婚姻是家庭的核心，也是唯一的生活方式，尤其在信仰层面上，"虔诚的家庭"（das fromme Haus）是教区的典范。[1] 随着 17 世纪的宗教改革运动，新教地区的这种情况才有所改变。相比之下，在欧洲天主教地区，神父的独身是神圣的，修会神职人员（修女和僧侣）的独身也是有神学依据的，并被认为是婚姻之外的合法的生活方式。

1 童年、青年、老年、婚事和婚姻

近代早期人口的预期寿命远远低于 21 世纪人口的预期寿命。因此有人说，在近代早期社会，人们既没有童年也没有青年，因为短暂的人生使儿童也要参与劳动过程。此外，20 世纪 70 年代的观点认为，由于婴儿死亡率高，彼时的人们与后代的情感联系很弱，母亲给予孩子的关注与父亲的一样少。[2] 近年来的研究彻底修正了这些观点。[3] 对童年史和青年史的众多研究表明，父母的悲痛、母亲的关爱、父亲的温柔叮咛在 16 世纪便已存在。我们还应当指出，近代早期社会确实存在童年和青年的人生阶段；其具体形态的差异取决于社会群体、职业领域和时代的不同。对近代早期社会人们的童年、青年和老年阶段的研究表明，这三者都是文化建构的结果（kulturelle Konstrukte），其面貌可随框架条件而变化，但是它们并没有消失，或是凭空出现。[4]

童年阶段

153

在近代早期的欧洲社会中，生产是邻里之间非常重视的事件。如果新生儿有死亡的危险，那么对天主教徒和路德宗信徒来说，紧急洗礼是必不可少的，必须让助产士参与其中。对加尔文主义者及改革宗信徒来说，洗礼不具有神圣的意义，因此紧急洗礼被视为一种迷信而禁止。人们以花费不菲的庆祝活动与来自教堂的祝福来结束历史数周的产褥期。由于这种情况仅发生在妇女身上，某些地区发展出了特殊的女性文化。[5] 与中世纪晚期相比，16 世纪以来非婚生子女的数量明显减少。也许改革神学（至少暂时性地）使人们更严格地遵守基督教的道德要求。与之相对应的是，只有婚生子女能符合极其严格的工匠职业准入标准，因为全日制职位数量有限，必须依照法律进行分配而不能造成异议。在整个近代早期，新教徒和天主教徒的非婚生育率没有差别。16 世纪末，在加尔文宗严格控制的日内瓦地区，婚外生育率的下降（1560 年前后为 0.12%）与天主教改革派控制的法国和 17 世纪天主教控制的蒂罗尔地区一样显著。[6]

童年和母爱都存在于 16 世纪，最近的研究出现了不同的观点。15~17 世纪，欧洲贵族和欧洲市民阶级对儿童充满了热情。历史学家沃尔夫冈·赖因哈德（Wolfgang Reinhard）甚至将其描述为"童年意识形态"（eine Ideologie der Kindheit）。[7]儿童被视为几乎无罪的"造物"，他们与"创造者"的关系尤其密切。从中世纪末开始，无论是在神学理论上还是在世俗教育中，童年阶段都已经成为生命的一个自有阶段。尽管其合法性各有不同，但是童年阶段有其自身的价值。17 世纪初期以来，圣母子像以及儿童形象出现的差异就证明了这一点。[8]

在生命的第一个十年里，孩子在母亲的照料下长大，把男孩和女孩放在一起养育是理所当然的。8 岁时，性别的差异便产生了；男孩被置于男性的监护之下。这种监护可以由父亲、家庭教师负责，或者让满 12 岁的男孩寄宿在其他家庭，使其能够在诸如文法中学的学校就读；也可以进一步以学徒制的形式，或以在师傅/雇主的家里做家仆的形式进行。年轻的贵族常常在宫廷里作为侍从生活一段时间，以便了解贵族的行为和生活方式。欧洲天主教地区允许孩童在 7 岁时剃发，从而获准进入宗教阶层；神职授予仪式当然发生在多年以后。女孩大多住在父母家里，13 岁以后到自己城市以外的另一个家庭继续接受培养，这在市民阶级中是常见的。

中世纪晚期并不存在有意识的教育计划。16 世纪中叶开始情况有所改变：人文主义者以古典时期为榜样，宗教分裂后不同教派制定了各自的教育规范。然而，这种有针对性的教育仍然植根于父母以身作则地传授角色分工和实用技能的传统模式之中。近年来，基于新资料进行的广泛研究表明，[9] 自中世纪晚期以来，亲子关系一直十分紧密。[10]

青年阶段

长期以来，人们一直认为，把人类长大、成熟的历程专门划作"青年阶段"，是启蒙运动带来的结果。[11] 最近的研究也已经纠正了这种"发明青年期"（Erfindung der Jugend）的观点。基督教将儿童到青年的过渡阶段看作一个重要阶段，因为每个受洗者都在 13 岁或 14 岁时被基督教教区接纳为独立的、自我负责的成员。三个基督教教派都为此举行了严肃的接纳仪式。这一重大转变也为从儿童到成人的生理成长的完成提供了额外的证明，尽管近代早期人们认为这个过程发生的时间要比 20 世纪观念中的晚很多。[12] 在教区承认受洗者独立的同时，对大多数青少年来说，上述的培养阶段已经开始。在 16~17 世纪，这个时期虽并不对应着"青年"（Jugend）概念，但它被描述为"成年在望"（Erwachsensein im Wartestand）。[13] 从建立自己的家庭起，这个阶段就结束了，因此所有未婚者，也就是"单身汉"（Junggeselle）和"处女"（Jungfer），都属于青年。在近代早期社会中，青年是一大批未婚人士，根据欧洲的婚姻模式，他们的年龄范围大致从 14 岁延伸到人生第三个十年的中期。欧洲文化的特殊性在这个年龄阶段得到展现，因为这种预备状态的结束是与达到法定年龄、拥有法律行为能力并行发生的；这两者都与进入婚姻状态有关。虽然没有任何生物学上的原因，但把缔结婚姻作为青年期的结束，在法律上是可以理解的。欧洲并没有统一的法定成年年龄，但 21~24 岁的年龄范围在任何地方都是参考标准。一方面，青年们告别原生家庭的同时进入或准备进入工作领域；另一方面，这也标志着他们以青年团体的形式建立了新的关系纽带，这些团体可能对成员有着非常严格的管控。例如他们中的大部分人参加节日庆典的组织工作，还有一部分人参与防卫组织，负责守卫青年男女可能相互结识的地方。受欢迎又适合作为结识之处的便是城市或村庄里的纺纱室。青年群体在城市中比在农村中规模更大也更多样化；他们在狂欢节中扮演重要的角色。在欧洲几乎任何地方都有青年兄弟会，他们接管社会任务，例如为游学青年充当联络小组。在拥有大学的城市，同乡会具有非常重要的意义，它们也代表青年学生的利益。青年群体有较明显的暴力倾向显然也是一个问题，这尤其与男性人口有关。[14]

老年阶段

近年来，历史学家不仅对童年和青年阶段有新的解释，对老年阶段也有不同的解释。在 16 世纪到 17 世纪初，人们对"晚年"（das hohe Alter）的看法极其消极，而 18 世纪的人们似乎对老年有着无可争议的积极评价。[15] 这种"认知变化"必须得到纠正。总的来说，人们对老年阶段的评价仍然是模棱两可的。这一方面是因为老年智慧的存在，它主要在由智者委员会（老年男性）占有的高级政治职位中得到体现，例如在威尼斯。另一方面则是因为，社会和职业的声誉会随着年龄的增长而丧失。这种不确定性证明老年阶段、童年阶段以及青年阶段都是一种文化建构。近年来，历史学家和社会学家正确地指出了这一点。[16]

当人们看到一些自 16 世纪中叶以来粗略测算的、关于老年人的比例的平均数字时，那些 16 世纪到 17 世纪初的传统中将老年视为一种诅咒的观点就显得不那么悲观了。据测算，55 岁以上的老年人占总人口的 5%~10%（16~18 世纪）。例如在

1637年的苏黎世，老年人在男性中的占比为6.5%，在女性中的占比为5.4%。[17] 因此，人们屡屡听闻的对年老体衰的抱怨，所涉及的其实是一个逐渐消失的小群体；尤其是在老年人由于抵抗力下降而受到严重影响的瘟疫盛行时期，这类抱怨数不胜数。对婚姻存续平均时长的研究也表明，大多数人的配偶没有达到高龄。大约有一半的婚姻是在5~10年后因一方的去世而结束的。[18] 一对在一起变老甚至经历过银婚的夫妻，是绝对的例外。对高龄者的认可显然完全是因为某些特定的职业群体仍然需要从老年成员那里获得知识和经验，例如来自高度专业化的工匠师傅或艺术家的传授。这也可以从16~17世纪的绘画中看出。社会及职业声誉的下降则发生在农民家庭的长者身上，家庭中年迈的父亲不再具有从事田间劳作所需的体力；这时他们的威望急剧下降。[19] 在16世纪英格兰的手工劳作者中，50岁已被视为年迈。[20]

此外，宗教改革者在阐释第四条戒律（"你要尊敬父亲和母亲"）时，赋予了婚姻和家庭对整个世俗秩序来说极为特殊的价值，这也加强了子女对父母的敬畏。这一准则首先在新教中最为盛行，16世纪末，该准则在天主教教义手册中也开始得到认可。它泛指父母角色，也就是近代早期意义上的老人。与此同时，第四条戒律是父母权威的核心来源，因此也是政权暴力统治合法化的来源。它具有社会秩序基本规范的特征。[21] 尽管历史学家都意识到这一准则受到了忽视，但这一核心准则的约束性特征在近代早期社会仍不能被轻易抹去。当时对老年阶段的论述完全符合这一特征。许多"赞美老年"（Alterslob）、"鄙夷老年"（Altersschelte）、"安慰老年"（Alterstrost）和"抱怨老年"（Altersklage）的著作，都表达了对老年阶段生活的高度认可。与此同时，人文主义者还继承了古典传统，这一传统对老年阶段也持积极的看法。[22]

作为指向生命中老年阶段的术语，"年老"（alt）或"老年"（Alter）在近代早期既作为"年轻"（jung）或"青年"（Jugend）的相反表达，同时也指生命的最后阶段，为此还有"老翁 / 老妪"（Greis / Greisin）的称谓。17 世纪中叶，在整个欧洲广为人知的"年龄阶梯"展现了，生命的一个个阶段是兴盛和衰败的自然更替。人们借助动物来比喻不同年龄阶段的人，其中对老年男性与老年女性的比喻各有不同。50 岁的男性被比喻为狡猾的狐狸，而 60 岁堪称"高龄"的男性则被比作易怒、贪食的狼。50 岁的女性被比作警惕的鹤，而 60 岁的女性被比作贪婪、唠叨的鹅。[23]

近代早期社会的人们只要体力允许就会持续工作。一些职业领域，例如艺术家，直到老年都可以谋生。对某些寡妇而言，工作到老甚至意味着经济独立性和个人独立性的增强。与此同时，退休制度在近代早期社会发展起来，但起初，只有那些拥有足够物质保障的人才能负担得起相应开销，以退出工作生活。

大多数生活在农村的老年人必须尽可能地工作，直到他们生命的尽头。因为他们在财力上负担不起退休，他们或许会陷入贫困，以至于需要领取救济金。对贫困的老年人来说，救济金是整个欧洲穷人福利的一部分。在 16 世纪的英国，法律规定了最低养老金。[24] 由于大多数人在老年时期想要经营自己的家业，因此他们必须长期地工作。自中世纪末以来，在德意志北部相对富裕的农民之中出现了制度上的解决方案：设立养老财产（Altenteil / Ausgedinge）或养老金（Leibzucht）。[25]

从 16 世纪初开始，在农村或城市任职的人数有所增加，这源于领主或城市议会出于养老的考量。那些从事高薪工作的人将有机会在其服务年限内积累储备金。此外，整个欧洲形成一种风俗，即将职位交给自己的亲属，让后者可以"继承"它。

这意味着，任职者生前的合同会指定一名因提供协助而获得其部分财产的共同管理人。在任职者去世后，这名管理人会接管其所有的职责和收入。这一解决方案遵循了中世纪教会职务的条例，但是到了 17 世纪中叶，它发展成了无论职位高低的跨教派程序。但是领取养老金并不是一般性的权利，每个个案都需要单独议定。[26]

16 世纪中叶以后，人们找到了永久的解决方案来照顾新教的牧师和教师，这些牧师和教师几乎都是退职的神学家。对世俗当局来说这很容易，因为他们自己负担了相关的费用：教区和神职继任者必须在老牧师不能工作之后向其提供养老金。[27]其他地区采用了助理解决方案，即雇用一名助理来支付部分费用，直到任职者去世、助理完全接任其职位为止。16 世纪末以来，此类法规为德意志众多教会所采用，法律上因而产生了类似的退休福利规定。对天主教神职人员来说，只有在三十年战争之后才有相应的规定。

对农村的小农阶层以及城市的下等阶层来说，即老年女仆、雇工、用人和工人，不存在与他们有关的养老金的规定。他们依靠主人的照顾、新教地区的穷人福利或天主教地区的布施。这些同样是不可或缺的，原因在于其中很多人没有结婚，家庭照顾因而不在考虑之列。这些受助者在老年时期生活在绝对贫困的边缘，受助者包括城市和乡村的底层以及社会边缘群体，尤其是老兵。[28] 在宗教改革的过程中，城市或地区的穷人救济院改变了养老救济的结构，它们出资建造养老院和济贫院。

寡妇是老年社会中的一个特殊群体。在近代早期，没有任何职业群体建立起了定期提供养老金的制度。自 16 世纪末以来，对新教牧师遗孀的照料或可称为一种变体。但只有一小撮寡妇有足够的财富来维持生活。即使在某些贵族家庭和富裕的市民阶级中，丈夫去世后，对妻子的照料仍是一个难以解决的问题。丧偶的女性农民不得不担心自己的未来，即使遗产以及婚姻中的资产给了她们法律上的平等地位，她们也不得不与成为一家之主并且有支配权的子女沟通农场的管理事务。在手工行业，行会的照顾义务提供了一定的帮助：它包括为行会成员的遗孀提供暂时性的照料。但这些承诺通常只涵盖很短的时间。寡妇们很快被催促再婚。如果这一要求在寡妇那里得不到实现或遭到拒绝，那么后果往往是寡妇陷入贫穷。在 16 世纪到 17 世纪早期的一些手工行业，遗孀也被允许继续经营工场，但这种情况只发生在有限的时间内；之后，再婚就要发生了。年轻的行会成员一次又一次地利用这些机会，伴侣之间年龄差别明显的婚姻因而出现，这种婚姻往往在造型艺术和文学中受到嘲讽。[29]

162　　　　可以得出的结论是：单单因为在三十年战争之前的几个世纪里，尊重和贬低的情感矛盾已然存在，所以自 17 世纪中叶以来对老年阶段的评价未曾发生改变——这种观点绝对需要被纠正。[30] 在三十年战争前后，老年都被认为是生命中值得尊重的阶段；老年可能意味着权威，在年纪轻的人看来也可能是一种经济负担。三十年战争之后，整个近代早期欧洲社会发生了一场道德运动。这场运动以整个社会秩序的重建为特征，而并非只针对老年阶段发生态度的改变。[31] 17 世纪中叶普芬道夫（Pufendorf）的著作似乎创造了一个新的"义务"概念，但事实并非如此；在此几十年前就已经有类似概念了。当然这一概念直到 17 世纪末都存在差异，但就老年阶段而言，第四条戒律所阐释的义务约束性没有变；对老年阶段的尊敬和重视从来没有引起过争论。[32] 一些非常个人的表达，例如失去父母的痛苦，表明了子女与父母之间的情感纽带并不是到 18 世纪才得以建立。有人认为前现代社会的生活方式是持续发展的，这样的论断是站不住脚的，因为"老年阶段的种种标志都是外界赋予的，即只有在受到讨论时（……）才会被赋予的"。[33]

结婚和婚姻

童年、青年和老年阶段已被证明是深受时代影响的生命阶段划分，是文化建构的结果；婚姻也是如此。在过去 25 年的研究中，人们对婚姻的特征以及女性在前现代社会中的角色进行了激烈的辩论。当中的基础论题是从供给性和功能性婚姻到爱情婚姻的转变。女性自主性日益增强的相关观点仍具有争议。女性的自主性和基于情感的婚姻共同体于 16~17 世纪就已存在。那种深受"现代化"理论影响的阐释，即认为直到 18 世纪才出现这种自主性和这种婚姻模式的观点，需要被重新审视。

近代早期欧洲社会婚姻发展的两个重要转折点是宗教改革和启蒙运动。[34] 这种观点是正确的，我们无须将它说成是社会秩序在"朝更现代化的方向"（Moderner-Werdens）发展。在中世纪晚期，尽管城市商人和手工业家庭中的已婚夫妇作为工作伴侣已经有了实际的价值提升的表现，但宗教改革还是引发了关于婚姻是否为近代早期社会唯一合法的生活方式的广泛辩论。路德否认教士应拥有特殊的身份地位，这促使所有人融入婚姻的生活方式，还促进了婚姻价值的提升以及对女性在婚姻中的平等作用的肯定。天主教对婚姻的认识是，坚持婚姻的圣礼特征，但将其价值置于独身的生活方式之下。与之相比，女性在新教中的价值得到了显著提升。同时，婚姻从教会秩序中分离出来，从中世纪晚期的"家庭协会"（Familienverband）中撤出，变成了以丈夫为中心的婚姻。[35] 在新教中，婚姻生活应该是一种典范。宗教改革者提出了明确的神学道德主张，该主张源于第四条戒律，源于对婚姻理解的核心。[36] 其中规定，夫妻双方地位平等。有人认为世俗当局对新教的婚姻秩序越来越感兴趣，从而导致新的等级关系——妻子从属于丈夫——出现了，[37] 这样的观点是存在争议的。鉴于新教观念和父权制思想对婚姻的理解有可能为女性提供一定的独立行动空间，那么世俗当局通过法院和法规从婚姻法律领域干预婚姻的影响力到底有多大，便是值得商榷的。家庭中母亲对孩子和仆人既有教育作用，也有精神上的作用。牧师妻子获得的行动空间已成为欧洲新教地区的榜样。

从 16 世纪末开始，两大教派都奉行"共识性婚姻"。只有在双方都公开同意的情况下，婚姻才具有法律效力。相较于中世纪晚期仍然存在的"家庭协会"所追求的，共识性婚姻实际上扩大了配偶的权利。而新教将婚姻抽离教会的控制，也提升了家庭在社会中的地位。这种发展可以称为家庭和婚姻的"精神化"（Spiritualisierung），与天主教地区有着明显不同。因此，我们不宜断定婚姻和家庭早在 16 世纪就已呈现"世俗化"（Säkularisierung）趋势。在 16~17 世纪，夫妻之间的情感纽带也绝不稀罕。马丁·路德与凯瑟琳·冯·博拉（Katharina von Bora）的婚姻以及斯特拉斯堡改革家马蒂亚斯·泽尔（Matthias Zell）与凯瑟琳·泽尔（Katharina Zell）的婚姻都证明，原本出于供给性关系考虑的结合也可以成为相互爱慕的生活共同体。以家庭为研究对象的人类学研究表明，爱情婚姻不仅于 18 世纪，而且早在 16~17 世纪就已存在。在历史上，"情感"（Emotionen）不过是多变的社会关系的代名词。专门关于"夫妻之爱"的表述并不存在。[38]

对于婚姻本质，超越"伙伴关系"的理解是对爱情的浪漫想象。它可能早在 16~17 世纪就已存在，但它显然在 18 世纪后期才成为欧洲旧式"伙伴婚姻"的反例。无论时代影响下的婚姻爱情如何，婚姻都为男女提供了一定的行动空间，因而我们应对只在家庭内部发挥作用的、一贯被动的家庭主妇的形象提出质疑。妻子作为一家之母，是近代早期公共社会的一分子，因此也是政治生活的一分子。[39]

2　教育、培训和科学

家庭是近代早期进行社会化的地方，学校、大学和其他培养机构亦承担着这项功能。历史研究把近代早期描述为科学和教育的觉醒时期——这是理所当然的，因为自然科学知识和地理发现以及人文主义和宗教改革运动对文字和文本的关注在不断地增强，这标志着所谓"知识社会"的开始。[40] 如果说近代早期有某个领域存在"欧洲共识"，那就是欧洲"学者共和国"。学生和老师之间的知识交流几乎没有任何限制。[41]

在近代早期的欧洲，只有一小部分人能够接受教育。近几十年来的研究力求深入了解人口的识字率。一幅差异化的图像由此建立，结合教育机构（学校、大学）的发展历史，我们可得到当时的全貌。17世纪不仅初等教育体系迎来了变革，高等教育体系（高级学校、文法中学和大学）的发展也呈现变革和竞争的特征。自17世纪后三十年以来，大学之外出现了众多研究机构，它们以"国家学会"为形式，促进了新的科学工作方式的产生，而且它们大多得到了世俗当局的持续资助。大学必须应对这一挑战。

识字与学校教育

16世纪中叶以来，宗教改革运动所涉及的欧洲地区在教育方面经历了覆盖社会底层人口的长足发展。神学理论的基本观点认为，每个信徒都可以与上帝直接相通，因此他们必须能够阅读《圣经》，这促使新教加强对人们的教育，其影响涉及近代早期社会的所有群体。社会中上阶层的识字水平显著提高。在 16~17 世纪，识字能力包括可以阅读和能拼写自己的名字。[42] 而直到 17 世纪末，正式公文多数情况下仍须由专业书记员撰写。虽然在学校之外也可以学习阅读和书写，但是从 16 世纪中叶开始，在各种形式的学校中对下一代进行培养逐渐成为惯例。在新教城市和地区，人们沿袭了自中世纪末期就存在的学校形式；在天主教地区，从 16 世纪末开始也出现了类似的教育改革运动，天主教团尤其是耶稣会教士对这类运动的成功发挥了重要作用。在 16~17 世纪，建立学校的倡议既来自教会，也来自世俗当局，二者互为补充；双方都对以基督教为基础的教育感兴趣。这对当时的人来说自然也有益处。将当局的基督教教育标准纯然描述为压迫机制是不符合历史的。

近代早期教育体系极为参差多样，其中第一阶段是初级学校（Elementarschule）。它教授算术、写作、阅读和所属教派的基本知识。直到 17 世纪末，教学和教师培训的标准才开始统一。自 16 世纪末以来，这种写作和算术学校在城市中很常见，而在农村，其数量在三十年战争之后才有所增加。这些学校的教师几乎都是兼职工作者，无论是教会还是世俗当局都不会为全职教师提供经费。在一些新教地区，牧师也接手教学工作，或者任命一位尚未履职的年轻神学者为教师。

在欧洲所有地区，除了小学系统，还存在多样化的中等学校系统（höheres Schulwesen）。[43] 大量的学校名称就表明了这一点：除了文法学校（Gymnasium），还有拉丁文学校（Lateinschule）、博学学校（Gelehrtenschule）、城市议会学校（Ratsschule）、高级文法中学（Gymnasium illustre）、修道院学院（das klösterliche Kolleg）。如何区别不同阶段的教育机构，在各地都有不同的规定。一般来说，可以将这些教育机构分为三种基本形式。自中世纪以来，所有汉萨同盟城市、帝国城市和大型的地方城市都开设了拉丁文学校、城市议会学校或市民学校。自宗教改革以来，新教的博学学校（如斯特拉斯堡、但泽或巴塞尔的中学）是上述一些学校的延续或者与之并立的新建学校。在天主教的革新过程中，从16世纪末开始建立了相应的天主教博学学校，尤其以耶稣会中学为代表（例如在慕尼黑或布劳恩斯贝格）。16~17世纪，地方领主也成为地方学校或诸侯学校的创立者，他们为了自己的领地而在这些学校中用法律和神学教育培养年轻人［如舒尔普福塔诸侯学校（die Fürstenschule Schulpforta）］。以上表明，学校受人文主义和宗教改革运动的影响很大。在天主教地区，平行教育对实施天主教革新极为重要。同时他们还会教授拉丁语以及与之相关的古希腊罗马时期的文学和哲学。拉丁语是教学语言，因此也是师生交流时使用的语言。即使是当中没去上大学的人也可以用拉丁语交流。

　　耶稣会文法中学的《学校计划》（Ratio studiorum, 1599年）与新教文法中学或诸侯学校的规定一样，都制订了教育的计划。尽管存在教派差异，但学校的目标大致相同，都是为了培养有学识、有约束的后继力量，以使他们接任领地和城市管理部门数量日增的职位。课程教学分为三个阶段：第一阶段教授读和写，第二阶段教授语法，第三阶段教授修辞和辩证法。此外，一些大型的博学学校还教授神学和哲学。这样学生们就可以学到大学哲学学院中的内容；如前所述，学校之间不存在严格的界限。很多17世纪中叶新成立的骑士学院［例如埃尔兰根（Erlangen）］，从一开始就侧重于教授自然科学的内容。

　　在17世纪的后三十年中，法国大学里没有了基础阶段的教育。这个任务留给了博学学校来完成，大学只进行考试或授予学位。英格兰采取了不同的方法，那里的大学和学院（也就是博学学校）有着十分严格的任务划分，并确立了明确的制

168

169

度。所有的大学入学学生都必须是上过学院的，他们被安排住在一起。因此自 17 世纪以来，学院（colleges）的数量不断增加。[44]

与小学不同，文法学校和博学学校设置了班级。专业老师在不同的房间进行教学。学制通常为 3~5 年，并没有确切的规定。文法学校很少关注毕业，毕竟中学毕业并非上大学的前提条件。在整个近代早期，私人授课都常见于资产阶级家庭和贵族家庭之中。跟小学相比，文法学校和博学学校的教师显然受过更好的培训。他们大多上过文法学校并且 / 或者上过大学。在新教文法学校里，年轻的神学者们在担任牧师职位之前，还经常担任教学职位。许多教师都是著名的学者，他们的著作也为学校在国际交流中获得认可做出了贡献。在 16~17 世纪的宗教冲突时期，博学学校尤其发挥了这一作用。一些城市的学校领导职位得到了高度认可，因此报酬颇丰。相反，普通教师的待遇普遍不好，因此人们对教师职位的变动频繁习以为常。和初级学校一样，文法学校也受到教会和 / 或世俗当局的监督。

170

大学和学会

欧洲的大学在中世纪便已存在。近代早期，教育体制受宗教分裂和科学创新影响而做出的变革意义深远。然而，自成一体的师生共同体仍然作为体制基础保持不变。这就是大学教育的目标世代相传的原因：在法律、神学或医学上对后辈进行教育。[45]

到 17 世纪中叶，两场伟大的思想—神学运动在学科范围、社会组成以及与世俗当局的关系方面改变了欧洲大学，那就是人文主义运动（自 15 世纪以来）和宗教改革运动，包括与其相关的宗教分裂（自 16 世纪中期开始）。跨阶级的人文主义运动与在此之前一直统治着大学的经院哲学传统相对立。因此，也可以将人文主义运动称为一场博大精深的改革运动，其目的是通过复兴古典遗产，在科学和政治上改革 15 世纪后期的现实社会。人文主义运动首先在城市市民阶级中迅速发展，但它很快就被宫廷贵族接受了。因此，经院哲学传统与人文主义运动之争，不仅是学术内部问题，还是学术培养实践之争。此外还是作为双方阵营主力的大学精英之间的纷争。

宗教改革运动为大学的发展带来了更深远的转折。路德宗教改革引发的"基督信仰的狂热觉醒"（der leidenschaftliche Christlichkeitsaufbruch），[46] 自然在大学内部导致了信仰的分裂。其结果是严格地划分了机构、院系中的学科教师以及传承着教派真理主张的大学精英。此外，自 16 世纪中叶以来，教派的分裂导致大学数量空前增长，因为世俗当局也希望能培养学术后继者忠于教派的场所。这种变化始于新教，但很快在天主教地区以同样的态势出现。1527 年，德国第一所路德派教会大学——马尔堡大学（Universität Marburg）建立，此后，信奉路德宗的柯尼斯堡（1544）和信奉天主教的迪林根（Dillingen，1553）也成立了大学。这样的发展在尼德兰（例如 1575 年改革后的莱顿）和法国［包括 1596 年改革后的索米尔（Saumur）］也同时进行。由于稳定地附属于罗马天主教会，意大利和伊比利亚半岛在经历短暂过渡阶段之后，并未发生类似的变化。到 1600 年前后，欧洲已经有 110 所活跃的大学，大学数量的增长速度超过了总人口的增长速度。[47]

这种增长与人们对非欧洲地区的孤陋寡闻形成对比，而原本在 15 世纪末，人文主义运动对它们的兴趣还十分浓厚。到 17 世纪下半叶，大学才再次迎接了这一挑战。三十年战争结束后，教派间矛盾的减少促进了这一变迁。由于 17 世纪初以来的经济发展危机和人口危机，大量新大学所面临的政治条件和社会条件也恶化了。大学的设施越来越差，战争时期很难容

171

172

纳学生，教师负担加重而工资降低。因此，在欧洲大多地方都看不到科学的创新发展，大学固守于已知的科学知识和对科学研究的传统规则的保护。[48]

直到 17 世纪中叶，早期的启蒙运动席卷了大学，促进了大学的转变。改革运动传到大学之外，首先在法国，然后在尼德兰和英格兰，最后在其他新教以及天主教大学中盛行。这些改革的出发点是允许从不同的角度对欧洲宗教和学识的主要文本——《圣经》——进行阐释，即并不存在对唯一神学真理的绝对主张。同时一种新型的研究形式出现了，当中，实验和数学上的考量比单纯的文本理解更为重要；而后者一直是此前大学学习的核心。那些在实验室中完成的实验科学也因此与文本科学并驾齐驱。而受实验科学的密切影响，文本科学也发生了变化。人们不再只从救世史的角度分析经文传播的重要性。文本越发被视作种种打破传统的社会变迁的见证。这种对科学的理解最初在富有传统的大学圈子内遭到拒绝，但从长远来看，却引起了人们的兴趣与共鸣。即使在世俗当局的压力之下，大学也开创了面向实用性研究的新领域，这些新领域被记录在学科规范当中。但是大学精英们要严格确保自己在大学中的地位不受损害。这就是新的研究形式最初建立在非大学机构，即所谓的"学会"中的原因。在许多情况下，学会最初是私人研究机构，但是受到世俗当局的大力推动，因为它们体现了贸易、采矿和农业创新的实践和技术需求。[49] 伦敦的皇家学会（Royal Society，1662 年）以及巴黎的法兰西科学院（Académie des Sciences，1666 年）为后续学会的创立提供了榜样。

大学逐渐放开进行改革，例如在 17 世纪成为新型自然科学和医学研究中心的莱顿大学。新学科大部分都被整合到了下层的哲学学院之中，因为遵循大学的传统，这个学院传授各种知识和研究方法的一般基础，即算术、几何和逻辑。[50] 变迁也触动了三个上层学院：神学院、法学院和医学院。比如苏格兰的自然法和道德哲学，它从格拉斯哥大学和爱丁堡大学兴起而被整个欧洲接纳。医学中也可以看到层出不穷的新方法，它已经成为一门经验科学，临床研究便起源于此。自17世纪以来，以莱顿大学为榜样，欧洲各地都建立了大学诊所，以便生动地教授更新的科学知识并在实践中进一步发展。

16世纪的宗教改革运动使大学向以前没有求学机会的社会群体开放。信奉新教的北欧以及东欧、西欧的部分地区就属于这种情况；法国是唯一的例外。研究者恰如其分地将这种发展描述为"教育革命"（Bildungsrevolution），它一直持续到1630年前后。1630年之后，各地的大学入学人数都出现下降，从17世纪末开始，欧洲的某些地区才出现了新的繁荣。这种变化一方面与人口增长有关，另一方面与某些社会群体对大学学习的兴趣有关。近代早期的特征是，贵族对学术教育的兴趣不大，而资产阶级则在16世纪的教育热潮中占主导地位。1630年后大学入学人数的下降也可以追溯到一个原因，即贵族面临与受过学术教育的市民阶级的竞争，而欲重新与之拉开距离。他们倾向于通过贬低学术研究来逃避这一问题。自17世纪中叶以来，许多贵族试图通过安排典型的贵族教育计划来抵制此种拒绝学习的行为（例如完成"骑士之旅"对后续事业很有帮助）。尽管做出了这些努力，欧洲的大多数大学生还是来自（富有的）市民阶级。[51] 贵族还是越来越倾向于就读专门为其而设的机构［骑士学院（Ritterakademien）］。

新近的研究强调，我们不宜只用变化，或谓"创新"，来衡量知识及相关机构的发展。相反，应该指出的是，只有传统和创新相互联系，只有局外人和圈内人相互争锋，才会促使现有知识和新知识融合为不断变化的知识体系。正如英国知识史学家彼得·伯克（Peter Burke）所强调的那样，这种相互争锋是大学知识发展的动力。在"知识发展的历史长河中，这两个群体也许发挥着同等重要的作用"。[52]

3　区域性和教派认同

16~17 世纪的欧洲没有国家和民族的组织结构，这是 19 世纪到 20 世纪初的历史学家的"金科玉律"。然而，彼时自然是存在身份认同和归属感的，它既与区域相关，又与宗教及教派相关。这些身份的"名片"是多方面的，并在 17 世纪末之前反复变化。此外还有"非主流"的群体，例如宗教和教派上的少数派。特别是欧洲新教内部流派各异，这些流派在已成社会主流的教派内部迅速成为异端，特别是其中恪守正统的少数派，他们常常因极为严格的信仰而被排斥在主流社会之外。另外，少数族裔也总是被故意排除在外，例如犹太人和吉卜赛人（Zigeuner）等。教派迁徙，即由教派和／或宗教迫害造成的迁徙运动，是贯穿整个近代早期的典型现象。这些群体大多在别的地区和城市找到安身之所，但绝不可能完全融入当地的主流社会。

教派少数派

176

16 世纪中叶，宗教分裂结束了基督教的统一。基督教的共同纽带已经松散，这产生了深远的影响。三十年战争结束后，欧洲的分裂不可逆转。在中欧和西欧的大部分地区，少数教派必须向主流社会妥协；欧洲北部，即瑞典、丹麦、英格兰和尼德兰北部等地，几乎完全是自成一体的新教区；与此相反，由西班牙、葡萄牙和意大利组成的地中海地区仍奉行天主教。

在波兰，斯特凡·巴托里四世（Stefan IV Báthory，1576~1580）政府开始推动天主教各派的统一。[53] 王室与耶稣会教团结盟，推动了天主教的改革。斯特凡国王把维尔纽斯（Wilna）的耶稣会学院升为大学，他的继任者西吉斯蒙德三世和瓦迪斯瓦夫四世（Wladislaw IV）都大力支持耶稣会的工作。1576 年便已成立的实行自治的波兰耶稣会教省在 1608年被一分为二，分给波兰和立陶宛。耶稣会的信众迅速增加：1576 年只有 60 人，1648 年增至 1390 人。市民阶级和贵族都受到耶稣会学校的吸引。宫廷里的忏悔神父、传教士、学者和高级教会官员都在耶稣会学校里完成学业。天主教的革新是由该修会承担的，并传播给市民阶级以及上、下层贵族。因此自17 世纪初以来新教影响减退也就不足为奇了。

　　但是这种改变绝不像"波兰宽容"所暗示的那般和平。自16 世纪 60 年代以来，激进的新教徒与天主教徒之间一直存在冲突，包括军事对抗。城市遭受的影响尤其严重：波兹南、维尔纽斯、卢布林和克拉科夫的新教教堂被烧毁。王室的支持和耶稣会的教育使天主教成为超越新教并将贵族与其自身联系在一起的精英文化。从贵族的角度来看，这样做的好处是天主教改革运动不会触及贵族的基本自由，因此贵族肯定会同意回归天主教信仰。但是天主教从来没有成为唯一的教派。新教徒在乡村中占少数，在多数人口讲德语的三个普鲁士王室管辖城市——但泽、埃尔宾和托伦——则占多数。此外还有东正教和犹太教成员。宗教少数派默默地坚持自己的信仰。公开的礼拜活动虽被允许，但大多数情况下应尽量避免；宗教习俗也践行得很谨慎。匈牙利和特兰西瓦尼亚（Siebenbürgen）存在类似的情况。大批路德宗信徒居住在城市中，在某些地区也有加尔文宗信徒。在特兰西瓦尼亚有波希米亚兄弟会成员，但大多数人口仍信仰罗马天主教。

　　新教和天主教在当时德意志神圣罗马帝国的洛林地区（今天的比利时）和睦共存，该地区处于西班牙、法国和德意志宗教影响的十字路口。因此尼德兰的宗教文化属于混合型。西班牙天主教在安特卫普宫廷拥有强有力的代表，在天主教改革运动和耶稣会教士的积极支持下，它逐渐能够维护自己的地位。由于靠近尼德兰北部的新教地区，对新教徒采取严厉行动是被禁止的，各方相互顾忌、忍让是该地区的风格。和在波兰类似，新教少数派能够在一个特定的范围内实践自己的信仰。相反，主流社会的宗教习俗非常普遍：例如，在 17 世纪上半叶，耶稣会平信徒兄弟会，亦即宗教性会社（Sodalitäten）有将近 14000 名成员，在日常生活和敬虔的践行中十分活跃。尼德兰和波兰一样，天主教也发展成一种精英信仰，团结了世俗和宗教的领袖团体。[54]

法国经历了更加戏剧性的发展。16 世纪的流血冲突是宗教内战。它以双方共同承认的教派权利共存而告终。法国新教徒胡格诺派得到了宽容的承诺，这个承诺具有法律约束性。它具体表现为，法国西部和南部的大部分地区留给胡格诺派进行管理和军事控制。然而信奉加尔文宗的王位继承人纳瓦拉的亨利为了成为国王，于 1593 年改信天主教。从人数上说，胡格诺派是少数派（1643 年路易十四世登基时大约有 100 万信众），但成员大多属于受过教育的富裕精英阶层，因此他们拥有政治和社会影响力。胡格诺派教徒在手工业、贸易、银行、高级公职和自由职业（包括律师）中所占的比例很大。与波兰和尼德兰不同的是，在宗教内战结束之后，天主教并没有立即成为令精英们产生兴趣的教派。同时，宗教少数派的巨大影响力迅速引起了天主教主流社会群体，尤其是自身实力不足者的嫉妒。可以说这种排斥的态度极大地促成了 1685 年《枫丹白露敕令》（Edikt von Fontainebleau）的颁布（废除 1598 年的宗教宽容敕令）。

然而在那之前，对占多数的天主教徒来说，胡格诺派教徒持续带来挑战，其结果是法国天主教开始以非常特殊的方式进行自我革新。有研究把这种革新称为简朴的、与教义有关的革新。[55] 其中既没有铺张的朝圣，也没有特别奢华的葬礼或强烈的圣徒崇拜。这在法国教会所享有的较大的行动范围框架内［高卢主义（Gallikanismus）］是可以实现的。长久看来，天主教的攻势取得了成功，改信的人数从 17 世纪中叶开始增加。这就是枢机主教黎塞留和马萨林继续对胡格诺派采取谨慎政策的原因。自 1629 年以来，在朗格多克（Languedoc）成立的嘉布遣兄弟会前往塞文山区（Cévennes）传教；耶稣会修士面对的是城市里的胡格诺派精英人士；乌尔苏拉会（die Ursulinen）（女性修会）专门致力于富裕家庭年轻女孩的教育。[56] 17 世纪末，胡格诺派少数群体的劣势加剧，并最终遭到暴力驱逐，除非他们放弃自己的宗教信仰。从那时起，法国不再有合法的新教少数派。

　　波希米亚和摩拉维亚王国迅速而暴力地消灭了新教徒。在 1620 年的白山战役之后，该国自 16 世纪中叶开始将主要是新教徒的地区重新"天主教化"。新教贵族被处决、流放和没收财产，并且公民权利仅限于天主教徒，因此，新教市民阶级也受到了侵害。在等级代表大会上，天主教神职人员再次成为第一等级。1627 年，所有剩余的新教贵族家庭被要求改信天主教或流亡国外。从那时起，波希米亚和摩拉维亚王国就没有新教少数派了，甚至不允许他们秘密存在。

　　尽管在哈布斯堡世袭领土上也进行了严格的复兴天主教运动，但是这里对宗教少数派持比较谨慎的态度。他们并没有对宗教少数派进行完全驱逐，新教徒可以作为地下教会秘密地在奥地利继续存在。[57] 他们的敬虔行为、礼拜形式和忏悔传统虽大受限制（没有教堂，人们只能在私人空间做礼拜），但并没有消亡。

180

相反，在许多欧洲地区，天主教徒已成为少数派。这种情况出现在英格兰、爱尔兰和尼德兰北部等地。伊丽莎白一世掌权以来，英格兰的天主教徒被边缘化。[58] 这可以分为两个发展阶段：第一阶段一直持续到 1620 年前后，其特征是天主教徒有时会遭受暴力迫害；第二阶段则是天主教教区的稳固（从 1700 年开始）。由于外交形势紧张，英格兰的天主教徒被怀疑背叛了议会和王国，并受到广泛的镇压。1570 年以后，国家颁布了一些法律，规定必须去圣公会教堂做礼拜。那些拒绝执行的人被罚款并且逮捕。教宗的著作被禁止，16 世纪 80 年代初期，天主教神父被宣布为不受欢迎的人。基于此，截至 1603 年，有 123 名天主教神父被处决。这一情况一直发展到伊丽莎白一世统治结束，最后在她的继任者詹姆斯一世的统治下，这些严厉的措施才被撤销。从那时起，耶稣会信徒的人数逐渐增加。

181　　对修会教士和世俗教士的培养在英格兰本土之外发展得如火如荼，尤其是 1568 年杜埃（Douai）专为英格兰神职人员建立了一所神学院。英格兰教士人数在 1634 年达到了 750 名。他们大部分来自低等贵族（绅士）阶层，直到 17 世纪末，神学院的市民阶级毕业生人数才有所增加，神学院也因此向有经济需求的申请人提供了更多的奖学金。由于采取了镇压措施，天主教教区在 16 世纪后期的规模并不是很大。据估计，1603 年的英格兰大约有 3 万名天主教徒，同时期英格兰大约有 250 万名居民。到了 1641 年，天主教徒的人数增加了一倍。天主教教区多数集中在英格兰北部（即从兰开夏郡至约克郡）。

　　由于既没有固定的教会组织，也没有教堂建筑，天主教形成了非常私人性的虔信形式。礼拜是在私人空间举行的，外界可见的敬虔活动（游行等）是被禁止的。因此在少数派教区，平信徒（包括妇女在内）起着决定性的作用。在天主教绅士阶层中，女性是一家之主。妇女负责孩子的抚养以及对仆人的指导，她们可以发挥教派的影响。然而在 17 世纪初，由于天主教教区的特殊法律允许一家之父更加明确地树立权威，母亲的影响力被削弱了。16 世纪末的革新运动对英格兰天主教的影响也很明显，它几乎完全是通过天主教绅士的家庭进行的。神父特别是耶稣会教士的影响受到了压制。

在尼德兰北部，天主教少数派受到的压迫并不那么明显，他们的人数也大大超过了英格兰的天主教徒，在 17 世纪中叶，有 38% 的人口是天主教徒。[59] 当然，与西班牙属（南部）尼德兰相邻也意味着天主教的力量得到了某种程度的加强，很多年轻的教士是从那里来的。尽管如此，仍有许多禁令阻碍着该教派的自由发展。自 1581 年以来，尼德兰北部禁止在私人空间和教堂举行天主教礼拜，这里的天主教学校被关闭，散发天主教经文便会受到处罚。但是人们对这些禁令的执行极为松散，且并不存在受中央政府机构管理的、可以在所有地区实施的相同的标准。与后来的普鲁士一样，人们形成了一种收钱就能容忍天主教的做法。尼德兰北部的大部分天主教教区分布在荷兰省、乌得勒支和布拉班特公国的城市中。天主教的社会主体一方面是城市精英，另一方面是部分农村人口。相比之下，新教群体则由荷兰省城市里的商人、商贩和临时工以及泽兰省的富农和渔民构成。

爱尔兰的情况相当特殊，因为直到 17 世纪初，天主教一直是爱尔兰的主流宗教。历时 9 年的战争［由 1594~1603 年在阿尔斯特（Ulster）的爱尔兰起义引发］以爱尔兰贵族的失败告终，进一步使天主教陷于劣势，导致了一波流亡潮。1652 年爱尔兰人的第二次战败引起了新的一波流亡潮；天主教徒在该国成为少数派。欧洲大陆（例如西班牙）建立了许多神学院，以帮助培养下一代的神父，这些神父会作为好战的天主教

183 捍卫者返回家园。鲁汶大学成为许多爱尔兰神父候选人和修会僧侣的学习中心。正是在这里，爱尔兰—盖尔文化与传统天主教的融合得到了发展和维护。[60] 在这种环境下，从政治和神学角度为盖尔—天主教文化对抗英格兰—新教文化进行的辩护出现了。在 17 世纪的欧洲，对于地区和教派认同的融合，大概没有其他如此公开的宣言了。流亡的天主教神父与爱尔兰贵族保持着密切的联系，他们以保护盖尔—爱尔兰传统为己任。但也有许多爱尔兰天主教徒没有追随反对英格兰新教的人。随着 17 世纪中叶爱尔兰主教制确立，天主教面临一种新的环境：他们致力于一种特伦托式的改革，旨在与英格兰政权达成和解，并实现教派之间的和平共处。

　　自 1555 年以来，双教派并存成为德意志帝国法律所承认的一个长期状态。教随国定原则是在帝国领土内实行的根本原则，但与此同时，帝国城市里也形成了与宗教少数派群体交往的其他形式。在大多数地区，宗教少数派群体仍然得到容忍，各教派的敬虔习俗严格限于特定区域，一如欧洲地图呈现的那般割裂。然而在某些诸侯管辖的城市，公民权利只属于那些宗教主流群体，少数群体的生活条件因此更为艰难。1648 年《威斯特伐利亚和约》的制定，承认了加尔文主义，并且不再允许对其追随者实施迫害。但实际上的平等是逐渐实现的。在一些帝国城市，帝国法律层面上的教派平等是通过和约来确立的，

184 由此，以彼此宽容为原则的生活方式才变得可行［这些城市包括奥格斯堡和比伯拉赫（Biberach）等］。

宗教少数派：犹太人和穆斯林

　　基督教是近代早期欧洲的主要宗教。此外，在 15~16 世纪，少数穆斯林有的居住在西班牙［格拉纳达酋长国（Emirat Granada）］，有的居住在自 15 世纪中叶以来一直受奥斯曼帝

国统治的东南欧地区：匈牙利、希腊、波斯尼亚、塞尔维亚、黑塞哥维那、阿尔巴尼亚、黑山、摩尔多瓦和瓦拉几亚。[61]

相比之下，犹太人的数量要多得多。在16世纪初期，仅在德意志就有约4万名犹太人。[62] 犹太人居住在欧洲各地，但自15世纪末16世纪初以来，他们多次遭受大屠杀，这使其居住地点在近代早期发生了变化。

如果说在奥斯曼帝国统治的地区有许多人皈依伊斯兰教，那么这主要是生活在那里的贵族和农民出于经济、政治方面的考虑作出的决定，而不是奥斯曼统治者的强制措施。这种皈依使他们能够在奥斯曼帝国统治的社会提升地位。贵族通过在军队或官僚机构中步步晋升而成为苏丹的封臣。农民试图通过宗教融入来保护自己的财产不被剥夺。[63] 然而，这一做法并不总是成功的。16~17世纪，奥斯曼帝国在巩固自身统治的过程中采取了不同的融合策略。伊斯兰教首先在具有重要战略意义的边境地区得以推广，但若在他国纳税便可不皈依，这也使得传统的自治机构以及世代相传的宗教信仰得以保留。这样一来，东南欧地区便形成了明显的宗教和民族多样性。除土耳其人外，东南欧地区还生活着亚美尼亚人、阿尔巴尼亚人、希腊人、克罗地亚人、塞尔维亚人、阿拉伯人和犹太人；统治的边界并不总是与民族定居区域相一致。穆斯林、皈信基督者、东正教神父和希腊商人是在政治和社会上占主导地位的群体。而因为这些人没有统一的宗教信仰，他们形成的只是支离破碎的共同体；一个兼容并包的奥斯曼社会并没有形成。[64]

在以农业结构为主的地区，只有在少数城市中，民族和宗教群体是分居在不同城区的。例如在索非亚，有五分之四的居民是信仰伊斯兰教的土耳其人，还有部分是基督教徒和犹太裔的亚美尼亚人和保加利亚人。在16世纪初，居民人数随着接纳被驱逐出西班牙的犹太人和改宗者（conversos，受洗成为

185

基督徒的犹太人）而增加。如果这些欧洲东南部奥斯曼地区的人们仍然信奉基督教的话，那么他们便是希腊东正教徒或罗马天主教徒。然而，许多阿尔巴尼亚人、波斯尼亚人和希腊人出于如前所述的谋求地位提升的原因而皈依伊斯兰教。[65]

16 世纪初，西班牙天主教国王对穆斯林人口占多数的格拉纳达酋长国［摩尔人（Mauren）］不太宽容。在宣布收复失地运动（Reconquista，即重新征服摩尔酋长国）之后，新国王夫妇的权威得到了加强，归属感亦得到了保障。1492 年，格拉纳达被国王军队攻占，在该地区执行的强迫宗教皈依引发了越来越多的反对。1502 年 2 月 11 日颁布了一项国王法令，根据该法令，摩尔人要么皈依基督教［从而成为所谓的摩里斯克人（Morisken）］，要么移民。许多穆斯林摩尔人选择了后者，其中一些人定居在东南欧。文化和宗教多样性在这里共存，但穆斯林宗教文化也会保护自己免受他们所认为的来自西欧基督教的有害影响。许多基督教学者随即移民意大利，他们首选的城市是威尼斯。当地早在 16 世纪便建立了许多印刷厂，它们印刷的范围也涵盖斯拉夫语的内容。

在信仰基督教的欧洲，自 16 世纪以来人们就对奥斯曼帝国的扩张感到担忧。因为尽管奥斯曼帝国对其他宗教有着众所周知的宽容，但战争过程的残酷和对基督徒战俘的奴役带来了巨大的威胁。此外，在 16 世纪这种"对土耳其人的恐惧"与人们对末日将临的普遍预期相暗合，而末世观在新教中尤其典型。然而，鉴于奥斯曼帝国的军事和政治实力，基督徒对伊斯兰教的兴趣以及对其的认知也有所增加。[66] 在 16 世纪末，第二代和第三代宗教改革者对伊斯兰教给予了正面的评价——路德的负面看法被抛弃。甚至可以说，这些宗教改革者持有一种明显的亲伊斯兰主义。在这种背景下，人们开始了对《古兰经》和伊斯兰教义文本的学术研究。欧洲人对《古兰经》的研究是东方学作为一门学科的开端。[67]

　　1683 年 9 月 12 日，奥地利、波兰、萨克森和巴伐利亚在波兰国王约翰·索别斯基（Johann Sobieski）的领导下，于维也纳附近的卡伦贝格（Kahlenberg）战役中取得对土耳其的联合胜利，从而结束了奥斯曼帝国的扩张。在 1699 年的《卡尔洛维兹和约》（Frieden von Karlowitz）中，匈牙利、克罗地亚和斯洛文尼亚的全部地区都并入了奥地利。威尼斯获得了达尔马提亚（Dalmatien）的大部分地区，波兰获得了波多利亚（Podolien）。虽然奥斯曼帝国丧失了在东南欧地区的支配地位，但是穆斯林人口仍然继续生活在这一地区。[68]

187

　　自 15 世纪末以来，作为少数派的犹太人遭受了多次严重迫害。1447 年，受迫于神职人员和贵族的压力，波兰犹太人原本从国王处获得的一项特权被撤销了。1492 年，西班牙和葡萄牙开始驱逐犹太人。1525 年起，犹太人被逐出那不勒斯王国；1597 年起，犹太人也被逐出米兰公国。他们中的许多人迁到安特卫普，然后前往阿姆斯特丹，其他人移居到波希米亚、摩拉维亚、波兰和立陶宛。布拉格成为犹太人生活的经济和精神中心，也是通往欧洲东南部的通道。在 1516 年的威尼斯，人们首次在格托岛（Insel Geto）上给犹太人划定一个封闭区域［所谓的"隔都"（Getto）便是由此而来］。某些城市也采用了这种做法。在 15 世纪末和 16 世纪的西班牙，在宗教裁判所的管辖范围内，就连改宗者，即改信基督教的犹太人，也遭到跟踪、驱逐或杀害。1492 年，即美洲被发现的同年，国王夫妇伊莎贝拉和斐迪南命令犹太人在 6 个月内离开西班牙。这一命令并非如一直所猜测的那样，是严重的反犹主义的结果，它反而是对西班牙国内众多改宗者的保护。人们一次又一次地怀疑他们是否真的已经成为诚实的基督徒。在再次有大批犹太人皈信基督教，而其他一些犹太人离开这个国家之后，宗教裁判所还在继续"疯狂质疑"已改宗者。这种情况持续到 1530 年，可能波及 4000~5000 人。[69]

在 1567 年的一项命令中，皇帝马克西米连二世禁止再将犹太人驱逐出帝国；但是总有新一轮攻击等着他们。菲特米尔希暴乱（Fettmilchaufstand）便是这种不安全性的一个体现。1614 年，犹太人在帝国城市法兰克福遭到大规模迫害。在犹太人被容忍的地方，他们担任商人、行会以外的小商贩和货币交易员。许多富裕的犹太人与王室乃至维也纳的皇廷保持着很好的关系。

直到 12 世纪，犹太人和基督教徒之间一直存在教条式的隔离，特别是犹太教正统派坚持严格捍卫其特殊的文化和社会地位。根据捷克历史学家弗朗齐歇克·格劳斯（František Graus）的说法，社会上存在对犹太人的"充满敌意的不信任感"。[70] 研究将 12 世纪描述为这种现象被彻底改变的时期。一方面，北部阿什肯纳兹犹太人的放贷活动开始发挥支配作用；尤其在那些欧洲贵族之中，信贷需求不断增长，这使犹太金融家变得更加重要。[71] 另一方面，犹太教开始发生变化，逐渐成为具有强烈的伦理色彩的精英宗教。从那时起，犹太教就"在神秘主义和对宗教含义的理性解读之间出现了各种对立潮流"。[72] 因此，对圣书的科学诠释变得越来越重要。这使得基督徒和犹太人能够在同一视野高度进行智识和神学上的交流。尽管存在种种敌对、迫害和论战，但自 15 世纪末以来，犹太教对基督徒的吸引力越来越大——至少最近的研究是如此阐释的。[73] 然而直到 17 世纪末，基督教信仰中都存在一种广泛流传的、甚至有神学依据的反犹主义，这一事实并没有改变。[74]

爱国主义与地域意识

地域意识和爱国主义——这两个术语都被用来表示近代早

期社会秩序中的身份认同。宗教改革运动巩固了近代早期欧洲的新边界，而地域认同的存在和对祖国（patria）归属感的清晰表达则反映了有跨越教派和群体的空间上的身份认同。然而对祖国的归属感［爱国主义（Patriotismus）］到底发挥了什么作用，以及这一作用是否可以在欧洲范围内得到证明，学界对此还存有争议。[75] 在美国任教的政治学家毛里齐奥·维罗利（Maurizio Viroli）提出了一个广为讨论的观点。他认为，祖国之爱（amor patriae）是集体意识的"自由—共和"变体。[76] 它可以追溯到为群体奉献的古代美德之上，对市民来说，它便是积极参与政治的伦理和道德义务。维罗利在进一步研究各种既有观点时指出了爱国主义的另一种变体，那就是种种政治行为的唯一基准是一国之君，亦即祖国之父（Pater Patriae）。他认为，这种观念仅仅受到荣誉原则的指引，因此只能在君主制中找到。新的研究却证明，恰恰是在那些共和—自由主义传统没有发挥重要作用的欧洲地区，存在一种政治伦理的倾向，要培养对群体的奉献，而这种群体是以一定的空间——祖国——为基础的。当时的人们称呼表达以上理念、完全赞成以上理念并据此理念行事的人为"爱国者"（Patrioten）。不过，直到 18 世纪中叶，才出现了爱国主义（Patriotismus）意义的运动。[77] 因此，维罗利所主张的划分是不太可行的。相反，在 16 世纪和 17 世纪后期，需要回答的重要问题是，如何解决这种盛行的爱国主义思想和当时教派分裂的对立。对此显然有不同的地域策略；毕竟在这个时期并不存在一种对欧洲所有地区都说得通的爱国主义。但是在 16 世纪末和 17 世纪，欧洲的确有这么一种政治语言，其中包括"patria"（祖国）、"libertas"（自由）和"correctio principis"（谏君）等术语。[78]

祖国和爱国者

德意志帝国的发展就是对此的直观展现。[79] Patria①一词在空间上所涉及的范围很复杂。它可以用来指个人出身的帝国城市、区域或村庄，但是作为整体的帝国也逐渐被称为 Patria。教派的划分迅速导致了以皇帝为代表的祖国与以新教帝国政治体为代表的祖国之间的竞争。尽管可以确定，各教派阵营之间有所协调，但直到 17 世纪末，不同教派各自对同一概念注入自己的理解，仍然是这个旧帝国的典型现象。自 16 世纪末以来，两个教派中渊博的神学家和法学家一直在讨论"爱国"这一概念的内容和政治目的，它也被用来为战争和使用武力辩护。菲利普·梅兰希顿（Philipp Melanchthon）、格奥尔格·劳特贝克（Georg Lauterbeck）、约翰·格哈德（Johann Gerhard）和亚当·康岑（Adam Contzen）等人的作品就反映了这一点。政治美德学说和空间关系在祖国或爱国的概念上虽然是相互关联的，但是，把一个群体从社会中区隔出来的民族因素在这些辩论中却是无关紧要的。学者们立足政治理论的古典传统，这些传统在 16 世纪初由人文主义者复兴。为了给构成爱国本质的美德和义务提供依据，人们有意识地援引了西塞罗的名著《论义务》（*De officiis*）。直到 17 世纪中叶，这种"古为今用"[80]一直是一种特色。

曼斯菲尔德（Mansfeld）伯爵领地的法学家兼文书长格奥尔格·劳特贝克（约 1510~1578）在 1556 年出版了一部辅政书籍，这部著作广为流传，得到深入研读。他在书中援引了古代作家雅典的吕库尔戈斯（Lykurgos von Athen，约公元前 390~ 前 324）的观点，为法学家、神学家以及出身贵族和市民的官员指出其作为公民对祖国履行职责时所具有的传统合

---

① Patria 一词可理解为作家、家乡、故土、出生地、祖国等。——编者注

法性，而他们的最高使命甚至可以体现为以武器捍卫祖国。在1572 年的修订版中，劳特贝克还通过明确地将祖国从特定的领地延伸到整个神圣罗马帝国，在地理上将祖国的概念具体化。他的辅政箴言得到广泛接受，这也证明，他把爱国理解为义务的观点几乎都为积极公民所熟知。根据劳特贝克的观点，祖国是公民在空间和伦理—政治层面构建共同体的地方。正如奥德修斯对抗独眼巨人，化解了对祖国的威胁，与当今的暴君作斗争是政治家的职责。

　　16 世纪末和 17 世纪的其他学者也强调了人类所谓根本的和与生俱来的祖国之爱。如同与家庭的联系一样，爱国也是人类本质的组成部分。[81] 在 16 世纪后期的贵族批判—爱国运动中，曼斯菲尔德的教区牧师西里亚库斯·施潘根贝格（Cyriacus Spangenberg，1528~1604）遵循了这一义务学说。他在 1594 年出版的贵族箴言中，呼吁帝国贵族意识到自己的特殊职责，即要对抗违背基督精神的暴君。其中，他将帝国称为祖国。[82]

　　在 17 世纪的学术著作中，祖国之爱也是一个值得重视的话题。公民积极参与政治以及博学的法学家或神学家担任政治顾问，都被视为爱国的表现。对写作者来说，创作无疑蕴含着参与政治决策的可能性；市民社会参与了 17 世纪德意志的政治辩论，也是无可争议的。耶拿神学教授约翰·格哈德（1582~1637）特别准确地提出了这一点。他把从属（subditus）和市民（civis）等同起来的观点具有深远的意义，他不仅将爱国解释为特权公民的职责，还将爱国视为 17 世纪臣民社会里所有成员的义务。爱国是群体应尽的义务，格哈德所说的群体指的是"共和国"（respublica）。

　　在德意志，关于爱国的争论一直持续到 17 世纪中叶。对祖国的热爱被认为是建立良好秩序的基础。所有学者和政治顾

192

问一致认为，君主应受到限制。积极公民必须在爱国的一系列美德的意义上履行这一责任。这种观点绝不仅仅出现在新教徒的辩论中。天主教学者亦持有相似的观点，例如其作品在整个欧洲都广受好评的波兰主教劳伦提乌斯·戈斯利修斯（Laurentius Goslicius，1538~1607），以及巴伐利亚公爵的告解神父亚当·康岑（Adam Contzen，1571 / 1573~1635）。官员应该遵循斯巴达的古典模式来限制君主制强权。[83]

人们可以观察到，英格兰的发展与众不同。但在这里，空间关系也与祖国概念上的伦理—政治美德紧密地联系在一起。不同于对德意志的研究，爱国主义在英格兰历史上扮演的角色向来得到深入的关注。尤其是在近代早期英格兰与爱尔兰的持续冲突中，"祖国"观念在爱尔兰始终具有重要意义。[84]此外，英格兰中世纪晚期与古典传统的联系也有据可查。"祖国"和"爱国"自 16 世纪就已出现。与维罗利的观点明显不同的是，新近的英格兰研究证实，典型的共和爱国主义（commonwealth patriotism）在近代早期并没有自动地反对君主制，实际情况正好相反。[85] 16 世纪中叶的许多政治争论文章（包括布道文）强调应将统治的核心理解为"父母的权威"，即第四条戒律所蕴含的政治秩序之基础，这种论调十分具有时代特色。

1548 年，神学家约翰·胡珀（John Hooper，1495~1555）在注解十诫时明确指出了祖国与统治秩序之间的联系：一方面，所有人有义务爱自己出生的国家（祖国）；另一方面，他们也有义务服从于捍卫这片土地的国王和当局。换句话说：对祖国的爱是服从于国家领主，即国王的一部分！这种说法有其中世纪根源，因为自 13 世纪以来，英格兰国王就被称为"祖国之父"。除此之外，他也被描述为"祖国的首脑"，进而被理解为主体，即"神秘之躯"（corpus mysticum）。其结果就是：国王即祖国。自 16 世纪中叶以来，英格兰的祖国争论中明显表现了前文所述的第二个方面，亦即在神圣罗马帝国发挥重要作用的伦理—政治美德，英格兰同样受到了人文主义的影响，此外，自 16 世纪中叶以来，这里也接受了意大利对祖国概念的理解。这两者如何进行衔接，如何调和君主制的忠诚与共和—自由的爱国主义？这是一个关键的问题，因为直到 17 世纪中叶，人们仍然强调，公民的自由是由国王的权威来保障的；财产的自由亦是如此。查理一世国王在去世前不久便大力加强了这种联系：国王保证所有法律传统和法条的有效性，因此也保证了个人及其财产的自由。[86]

自英格兰内战以来，语言的使用发生了变化，作为对国王身份——"祖国之父"的回应，"爱国者"的称谓出现了。这个词被用来指代那些积极反对詹姆斯一世以及反对其亲西班牙的外交政策的政治家和公民。[87] 从那时起，语言的使用就带有论战的色彩，各种术语被用来称呼不同的派别。在此后的几十年内，保王党（royalists）和爱国者平等共存；在内战结束时，"爱国者"一词成为英格兰政治中的积极用语。令人惊讶的是，共和爱国主义的保卫者和保王爱国主义（royalist patriotism）的追随者都认为自己是英格兰自由与传统权利的捍卫者，即爱国的代表。在 17 世纪 60 年代末，人们可以很容易地把对国家（country）的热爱与忠君结合在一起。学术研究将这种发展路径定性为国王与国家的紧密联系。"爱国者"既不是君主制的敌人，也不是君主强权的坚定捍卫者。国王和国家被视为一枚硬币的两面，这与有着皇帝和诸侯两个层面的德意志君主制有所不同。英格兰的这种情况在研究中恰如其分地被描述为"单一的王国与分裂的政治话语相结合"（combination of a unitary kingdom with a divided political lexicon）。[88] 这为语言分化创造了无数种可能性，也使得维罗利那种严格的区分

194

195

显得过时了。

16~17 世纪的波兰—立陶宛则又呈现了一种不同的面貌。该地区不仅有教派上的差别（加尔文宗、天主教徒、路德宗和东正教徒），而且有宗教上的不同（基督徒和犹太人），还有民族上的差异（波兰人、德意志人、立陶宛人和乌克兰人）。[89] 然而最近的研究表明，对 16~17 世纪的人们来说，这些差异在很大程度上并没有影响。19~20 世纪的研究把语言和民族归属作为身份的标准。这意味着学术研究——尤其是对东欧的研究——长期以来一直局限在自己的视野之中。

自 1569 年卢布林联合（Union von Lublin）建立以来，立陶宛大公国和波兰王国就作为君合国（Personalunion）而存在，但每个主权区域仍保持其独立的秩序。这个案例对我们理解近代早期爱国主义以及民族身份的作用极有启发。它与西欧和中欧的大环境不同。自 16 世纪末到 17 世纪，关于立陶宛大公国的特殊身份的争论持续不休，诸如祖国、民族（natio）或家园（ojczyna）的词语变得十分重要。但是这些词在含义上没有明显的界限，因而可以替换使用。当时的人们既会称之为波兰贵族国家，也会称之为立陶宛贵族国家，二者皆是贵族公认的称呼。在关于统治制度的文本中，"祖国波兰"和"祖国立陶宛"或者单纯的"祖国"都可以使用。此外，在地域上也非常含糊：民族／故国／祖国／家园既可以指立陶宛领土，也可以指波兰王国，还可以指两者的君合国。关于身份的争论也远远超出了地域性的范围。这些争论援引了传统，援引了历史记忆（memoria），援引了立陶宛贵族的美德，援引了贵族与祖国的关系（当然也包括贵族与国王的关系），也援引了"身体"之喻——这是一个在全欧洲都流行的隐喻。

贵族应当在立陶宛社会的巩固中发挥特殊的作用。人们对实现贵族美德有所期待。德意志和英格兰也存在这种职能分配：在将地域关系与伦理—政治美德概念相结合的地方，都可以发现"祖国"或"patria"这样的表述。在立陶宛，为祖国服务是贵族的任务；在德意志和英国，除贵族外，受教育的公民也有权担任官员。立陶宛贵族统治下的、无可争议的模式是混合君主制。国王由贵族选举产生，而贵族作为"政治身体"的组成部分，有义务服从他；国王是首脑，或者说是整体的核心。整个"政治身体"又被称为"父国"（Vaterland），所以国王是慈悲的父亲，他绝不能成为暴君。立陶宛的统治思想因而明确地与第四条戒律联系在一起，并将后者作为基督教政权统治的理由。立陶宛贵族雅努什·拉齐维尔在 1617 年 10 月给他的兄弟克里斯托夫（Christof）的信中写道："祖国和教会一样，不是由城墙、田野和森林组成，而是由人民和他们的语言组成，并且祖国的首领是我们的国王。"[90] 君主制在 16~17 世纪波兰和立陶宛的政治秩序思想中没有发挥特别重要的作用。即使国王不反对统治权的集中，两片土地上的各种贵族特权和自由也阻止了秩序的改变。但就像在英格兰和德意志一样，贵族的美德是所谓的祖国的决定性的组成部分。教派对立因而叠加了一重复杂的关系。在教职等重要职位的任命上，立陶宛贵族身份是至关重要的。波兰贵族被认为是不堪重任的，因为填补教会职位属于立陶宛贵族的古老特权和自由。

197

　　综上所述，很明显，在近代早期社会，共和制统治秩序和祖国概念并没有自动重合。与地域有关的身份认同也尤其体现在政治参与的权利和义务中。富有美德的公民群体认为自己应拥有它们。根据地区传统，贵族和市民出身的官员也被包括在这个群体中。从这个意义上，我们可以说 16~17 世纪欧洲的"爱国者群体"形成了。

第六章
世界的"欧洲化"
——欧洲殖民建设的开端

　　近代早期是欧洲摆脱自己的阴影并开始影响世界的时期。16世纪开始的发展将对世界历史产生影响。欧洲的精英们很快意识到他们的行动抉择关系到经济活动范围的延伸，并迅速地将其与政治视野的进一步拓宽结合起来。很显然，欧洲人以自己为中心。在独特的相互作用中，欧洲向世界开放的同时，世界也在欧洲化。这对近代早期的世界来说是显而易见的，并且很重要，它为欧洲政治提供了全新的方向。将扩张视为欧洲历史之进程的学术观点往往会被指责为欧洲中心主义，但这种指责削弱了扩张的复杂性，并且未能认识到欧洲与非欧洲世界的相互作用。[1] 因此，在对欧洲历史的介绍中也应包括欧洲对非欧洲世界的影响。

　　欧洲的扩张不是统一的、有针对性的运动，也不是别无选择、不可避免的过程。[2] 空间扩张模式的多样化以及不同的原因和对有关地区的不同影响，使研究难以为总体现象定性和

分类。"殖民主义"（Kolonialismus）一词得到的描述远没有像"帝国主义"（Imperialismus）的那般准确。1500~1650年，世界上的大部分地区和人民受到了欧洲人的控制。这种现象被称为"殖民主义"。最近的研究提出了一些界定方式，将"殖民"（die Kolonisation）描述为土地占领的过程，将"殖民地"（Kolonien）描述为政治—社会方面的一个特殊的人

群，而将"殖民主义"描述为统治关系。历史学家于尔根·奥斯特哈默（Jürgen Osterhammel）总结了六类基本的扩张运动，其中也涉及近代早期社会。[3] 一方面是"海外定居殖民化"（die überseeische Siedlungskolonisation），其经典案例是近代早期英法在北美的殖民地。另一方面是"建立帝国的征服战争"（die reichsbildenden Eroberungskriege），其特征是保留一个帝国中心作为统治和合法性的来源，不断补给对外扩张（也包括军事上的扩张）。后一种模式通常是通过设立一些机构来进行征服和统治。例如，葡萄牙和西班牙的殖民地。

以上扩张形式带来了两种殖民地形式：定居型殖民地（Siedlungskolonie）和统治型殖民地（Beherrschungskolonie）。[4] 在这一框架下，"殖民主义"一词可以得到更准确的说明，统治和陌生文化是其必不可少的方面。近代殖民主义建立在使边缘社会可供当时的大都市利用的意图之上。根据奥斯特哈默的说法，这是"不同集体之间的统治关系"（eine Herrschaftsbeziehung zwischen Kollektiven），其中，殖民地人民的生活方式是由往往不愿适应当地环境的少数殖民统治者决定的，而这些统治者也来自其他文化背景。自 18 世纪以来，殖民主义通常还包括殖民统治者所传播的意识形态。[5]

1　统治型殖民地：欧洲扩张的起源以及殖民帝国的建立

201

欧洲的扩张始于 15 世纪中叶西班牙和葡萄牙的探险旅行。早期的发展与中世纪晚期的社会结构有关，而没有出现革命性的新开端。

葡萄牙和西班牙的发现之旅：走出旧世界之路

这些探险旅行势必有一定的风险，而其首要动机就是追逐经济利益。旅行一开始是为了探索通往印度的海上路线，以取代自 1453 年以来因土耳其占据君士坦丁堡而在很大程度上被封锁的供应香料、棉花、丝绸、染料以及其他物品的陆地路线。此外，探险旅行的目的还有扩大奴隶贸易、加强糖类贸易以及赢得一同打击奥斯曼帝国的战略盟友。这些愿望在 15 世纪的亚洲能够得到最佳的实现。通往亚洲的道路虽然沿着西非海岸前进，但最初只促进了沿海地区贸易据点的建立，这种贸易据点并不总能长期维持。除此之外，海员掌握公海定位的经验和技术知识至关重要。例如，轻便的三桅帆船能灵巧地在公海上航行。指南针、雅各布杖（Jakobstab）①、象限仪、日晷、海图等都是长期以来众所周知的航海仪器，它们已成为探险必不可少的辅助工具。

葡萄牙和西班牙在通往亚洲的非洲西海岸开发中产生的竞争大大加快了勘察进程。为了解决经济利益冲突，在教宗的帮助下，双方在 1479 年《阿尔卡索瓦斯条约》和 1494 年《托德西拉斯条约》中商定了边界。据此，"世界的西部"被划分给西班牙，"世界的东部"被划分给葡萄牙。缔约双方均有权在自己的区域内垄断航海、贸易以及掠夺。

自 1492 年 8 月起，克里斯托弗·哥伦布（Christopher Kolumbus，约 1451~1506）受西班牙国王之命探索通往印度的海上航线。但众所周知的是，他并没有到达印度，而是于 1492 年 10 月 12 日到达了加勒比群岛。哥伦布本人从未承认这个"大发现史上最独特的错误"。[6] 直到他去世，他都坚信自己找到了通往亚洲东海岸的海路。

---

① 即十字测天仪。——编者注

1497年，瓦斯科·达·伽马（Vasco da Gama，约1469~1524）受葡萄牙委托乘船再次绕过了好望角，并于1498年5月到达了卡利卡特（Calicut）以北的印度海岸。印度香料之路是由葡萄牙人发现的。16世纪初，葡萄牙人费尔南多·麦哲伦（Fernando Magellan，1480~1521）受西班牙国王之托航行到美洲，为的是达到哥伦布向西航行发现亚洲的目的。1521年，他到达了菲律宾，但在那里去世。埃尔卡诺（Juan Sebastian de Elcano）继续航行。他在1522年返回时销售随身带来的香料，获得了很高的利润，因而可以轻松地支付探险的费用。然而，西班牙人后来放弃了部分势力范围（在1529年《萨拉戈萨条约》中，两个殖民强国设定了新的权力分割线），因为亚洲贸易的成本似乎仍太高。在他们眼里，发掘美洲的珍宝似乎更有希望。自16世纪初期以来，他们一直在探索加勒比群岛以及美洲大陆的南部和西部海岸。从巴拿马和墨西哥出发，他们对美洲内陆做了一系列的勘察。其中之一是由埃尔南·科尔特斯（Hernán Cortés，1485~1547）在1521年所进行的。他将自己确立为阿兹特克统治者的继任者。

对美洲大陆南部的征服是从巴拿马出发的。弗朗西斯科·皮萨罗（Francisco Pizarro，1476 / 1478~1541）从这里出发前往秘鲁，并于1531~1534年摧毁了印加帝国。1571年，西班牙人宣布马尼拉为他们所期望的东亚殖民帝国的中心，并希望从这里进行香料贸易以及进入中国。在《托德西拉斯条约》中，两个伊比利亚王国都有义务致力于基督教的传播。这也是西班牙和葡萄牙进行殖民扩张的一个重要动机。

西班牙和葡萄牙的殖民帝国

16世纪末，葡萄牙在非洲和亚洲，西班牙在中南美洲运用暴力建立起了庞大的殖民帝国。[7]当卡尔五世的儿子西班牙

203

国王费利佩二世于 1580 年加入由两个伊比利亚王国组成的君合国时，这两个殖民帝国也联合在一起，从而第一次建立了一个全球性帝国。但是从一开始，两个殖民地区之间就存在深刻的结构性差异，这并非由母国的利益差异决定的。自从君合国成立以来（维持到 1640 年），王室试图独自制定殖民政策，并且将经济利润从海外公司垄断到国王手中；这两点是这类殖民地的特征。教会的传教使命与王室统治之间的紧密联系也是伊比利亚殖民政策的结构性特征之一。因此，耶稣会教团在建立殖民地行政机构和促使原住民与征服者之间的文化联系制度化方面发挥了重要作用。教团这种超国家的组织形式减少了其在世界几乎所有地区的投入。

葡萄牙体制：印度统治

葡萄牙人的"印度统治"（Estado da India）一直持续到 17 世纪中叶。它有着广泛的贸易据点网络和坚固的军事据点网络，在战略上建立这些网络以增加葡萄牙人的商业利益。这一制度出人意料地迅速发展的原因是，葡萄牙与印度建立了完善且有利可图的贸易关系体制。一方面，葡萄牙人已经适应了这一体制；另一方面，他们使用残酷的暴力接管了地方组织机构。葡萄牙的殖民政策的目标是贸易，贸易的组织机构和利润应该落到他们手中。在许多地方，海上贸易运作良好的区域也被强行关闭或者至少受到葡萄牙的控制。

贸易中最重要的商品是香料，尤其是胡椒。葡萄牙王室试图垄断这一利润丰厚的生意。在没有垄断成功的地方，他们还与私人经销商合作。但从 16 世纪末以来，商人参加这种危险业务的意愿明显下降。走私者和外国商人，特别是尼德兰和英格兰的商人越来越频繁地袭击葡萄牙商人并损害他们的收入。这标志着葡萄牙殖民体系从 17 世纪中叶开始衰落。到 18 世纪末，唯有奴隶贸易仍是一项有利可图的买卖。这些奴隶在非洲被购买，送到美洲出售。葡萄牙殖民体系的中心是于 1510 年被征服的印度城邦果阿。

图 7　果阿的开市日，1595 / 1596 年

　　定期往来的联合舰队维持了葡萄牙殖民者与母国的联系。在果阿的葡萄牙总督领导各个分支机构并代表葡萄牙的统治，当然总督须臣服于葡萄牙王室的宗主统治。国王自称印度国王。果阿还是总主教的所在地，他从这里协调并监督基督教教区的传道和工作。

西班牙殖民体制

　　与葡萄牙相反，西班牙的殖民政策[8] 从一开始就旨在对哥伦布命名为"印度"（Las Indias）的美洲大陆进行主权渗透。由于没有与葡萄牙殖民地可比的贸易商品，他们的目的便是征服该地区，以便在原住民的高强度劳动下开发利用这些地区。

206 在私人企业家的支持下，西班牙王室聚集了一批经验丰富的士兵（而不是商人），他们大多属于低等贵族，并且在母国几乎得不到与其地位相称的生活。如此一来，殖民政治就成为西班牙国内政治的减负因素。王室与准备移民的贵族签订一项合同，其中规定了相互的义务。王室追求的是征服越来越多的美洲大陆地区并对其进行有效的管理。作为回报，贵族希望占有土地、财富和较高的社会地位。这些可以通过奴役印第安人来实现。

仅从数字来说，西班牙人的数量远不如原住民，但是西班牙人及其利益占了上风。一方面，征服者能够利用当地的内部竞争；另一方面，成千上万的当地居民死于由欧洲人带来的传染性疾病（例如腮腺炎、白喉、麻疹），因为他们的免疫系统无法抵抗这些陌生的疾病。西班牙人很快就运用起自己的技术领先优势（如驼畜、犁具或车轮），并取代了被摧毁的印第安精英的地位。在此基础上，在阿兹特克人和印加人的帝国垮台后，西班牙人建立了自己的领土统治。

在亚里士多德的传统中，非欧洲人民被视为劣等文明。西班牙征服者将印第安人视为奴隶，甚至没有赋予他们人类的属性。因此，他们毫无顾忌地让印第安人在一些不人道的条件下为自己工作。与葡萄牙人不同，西班牙人认为没有必要给原住民提供西班牙法律或当地习俗认为的适当的工作条件。鉴于殖民地的这种现实，博学的神学家和法学家们发出了日益
207 强烈的批判，特别是多明我会僧侣巴托洛梅·德·拉斯·卡萨斯（Bartolomé de Las Casas，1484~1566），于是王室做出让步并试图实行改革。自那时以来，关于人权的质量和范围的讨论一直在整个欧洲进行并受到萨拉曼卡学派（Schule von Salamanca）的神学家和法学家的影响。主要代表人物之一是多明我会僧侣弗朗西斯科·德·维多利亚（Francisco de

图 8 弗朗西斯科·德·维多利亚

208

图 9 巴托洛梅·德·拉斯·卡萨斯

209

Vitoria，约 1483~1546）。他批判殖民政策的理由是，印第安人群体也是独立的政权，也应得到相应的对待。

尽管这些论断对印第安人几乎没有任何实际影响，但值得注意的是，在 16 世纪的欧洲这种争论已经出现。

西班牙殖民帝国的组织机构等级划分十分严格。地位最高的是西班牙国王夫妇，在他们的任命下，殖民当局负责殖民地的管理。西印度院（Consejo de Indias）负责法律和行政问题，而贸易署（casa de la contratación）负责贸易和经济事务。西班牙殖民地的教会和世俗统治紧密结合，这表现在宗教和世俗的职位都被王室相关人员占据。18 世纪下半叶，官方试图加强北美殖民地与母国的关系，这在殖民地中引起了强烈的反抗。这是它们与西班牙分离的开始。[9]

多明我会和耶稣会的成员在深化征服者与原住民之间的联系方面发挥着决定性作用。基督教传教活动既为征服提供了神学合法性，又为被纳入殖民统治的地区提供了建立宗教—思想统一的可能性。[10] 这绝不是一种单一的模式，传教士会适应当地的实际情况。

210　在此过程中，传教士以基督教规范和价值观的优越性为出发点，并以武力完成传教使命。强迫受洗与摧毁原住民的宗教标志或圣迹、驱逐他们的祭司一样普遍。因此，传教也意味着欧洲化，从而破坏了土著文化的发展。

但在许多地区，没有军事保护的教会修士基本都靠自己适应那里的条件。研究中将其称为"文化浸入式传教策略"（inkulturierende Missionsstrategie）。[11] 基督教规范与地域传统相结合的目的是使基督教能够入乡随俗，这也改变了双方。在瑞士民族学家乌尔斯·比特利（Urs Bitterli）看来，这可以说是一种"文化往来"。彼此接近的前提条件还包括对土著人民的语言以及宗教和精神基础有充分的了解。[12] 然而，有相当一部分耶稣会教团拒绝这种过于适应当地情况的传教方式，即宗教同化（Akkommodation）。但是参与其中的耶稣会修士坚持他们的做法，他们在一定程度上接受了宗教规范和价值观的相对性，最重要的是，他们还接受了土著文化的表现形式和价值观。《新约》中的一句话是他们的目标："向什么样的人，我就作什么样的人。无论如何，总要救些人。"（《哥林多前书》9：22）这种对现有文化的接受还包括尊重当地的着装习俗和与土著精英进行知识交流。在许多地方建立的耶稣会学院成为巩固交流的必不可少的工具。

只要殖民机构在任何一个地方得到保障和稳定，16~17世纪的传教工作就会在那里持续。南美以及果阿和西班牙属菲律宾就属于这种情况。[13] 宗教同化策略在宗教领域之外也留下了印记，例如影响了中国的学术结构。

211

特许贸易公司：海外的尼德兰人

由于16世纪欧洲的宗教政治矛盾，尼德兰与两个伊比利亚殖民国家之间的关系极为紧张。1580年成立的葡萄牙和西班牙（费利佩二世）君合国对尼德兰的贸易极为不利。对于有利可图的香料贸易，君合国只将德意志和意大利商人视为合作伙伴。但费利佩二世的去世（1598年）带来了权力真空，还留下了一个在经济和军事上都已精疲力竭的国家。特别是对广泛的葡萄牙殖民地财产的军事保护变得越来越弱。在亚洲和美洲活动的尼德兰商人团体便相应地增加了。在令人垂涎的香料贸易的竞争中，伊比利亚商人和尼德兰商人推动香料的价格飞快上涨。为了抵消这种负面影响，1602年东印度公司（Vereenigde Oostindische Compagnie，简称VOC）成立，成为尼德兰殖民活动的组织和经济引擎。

通过法律论证和有针对性的传单宣传，尼德兰人试图撼动葡萄牙—西班牙殖民政权的合法性及其商业优势。[14] 尽管 VOC 是在国家的倡议下建立的，但只有强大的私人金融参与能使其产生广泛的包括组织上的影响。它是现代股份公司的前身。它的资本包括在证券交易所交易的股票，任何人都可以购买这些股票。VOC 被划分为 6 个地域商会，其中，阿姆斯特丹虽然拥有重要的地位，但无法发挥绝对的优势。每个商会派代表参加由 17 位合伙人组成的管理委员会，即十七人董事会（die heeren zeventien）。尼德兰的等级代表大会对该组织授予特权，以便扩大其行动范围。在从好望角向东到南美洲南端的范围内，VOC 保持了贸易垄断。此外，VOC 还被赋予主权，以便在与其他欧洲殖民势力竞争时捍卫自己的地位。但是对于当地所需的贸易基础设施和军事基础设施，VOC 必须自行承担费用。

尼德兰人逐渐占据了葡萄牙人的贸易地位。在两代人之内，前者完全取代了后者，葡萄牙在亚洲和非洲的贸易网络没落了。组织更有效、行动更快捷的尼德兰人到处排挤葡萄牙人。其特点是保留了贸易分公司和军事据点的庞大系统。尼德兰人在很大程度上与当地的贸易经销商及其贸易网络展开了合作，他们还利用地区竞争和利益冲突来达成自己的目的。尼德兰人的殖民帝国在首府巴达维亚（Batavia，今印度尼西亚的雅加达）进行组织和指挥，他们的总督也驻守于此。该城市是来自欧洲或进入欧洲的商品、人群和作物的枢纽。除了葡萄牙人交易过的胡椒，还出现了其他香料，例如斯里兰卡的肉桂。来自印度的纺织品和宝石、茶叶和咖啡也进入了市场。总的来说，尼德兰人成功地建立了比葡萄牙人更密集和更长期的殖民地。有时，例如在香料群岛上，他们无情、残酷地动用暴力来对抗地域结构以保护自己的商业利益。贸易变成了统治，这就是这种发展过程的特征。为了提高收益，尼德兰人开始在亚洲的大型种植园中种植经济作物；在美洲则主要是甘蔗种植园。

尼德兰人还占据了葡萄牙人在非洲的地位。这一方面是指奴隶贸易，另一方面是指黄金和宝石贸易。到 17 世纪末，尼德兰人成功垄断了有利可图的奴隶贸易。1652 年，VOC 在好望角建立了常设机构，从那里可以更有效地组织贸易。自 17世纪中叶以来，由于尼德兰人的活动，三个大洲建立了联系：在美洲种植糖、棉花和咖啡；在亚洲交易香料；将非洲的奴隶贩卖到美洲。

对尼德兰这个贸易强国来说，自 17 世纪末以来，英格兰成为一个与其势均力敌的竞争对手。英格兰直到内战结束后才开始对发展殖民力量和参与海外贸易产生兴趣。然而早在 17世纪初，英格兰商人就在北美建立了第一批分支机构，新教难民因而在北美得以立足。

这两个贸易国之间产生更激烈的竞争甚至最后爆发军事冲突的原因是，英格兰在 1651 年通过了《航海条例》：据此，从海外进口的货物仅允许以英格兰船只运到英格兰。

该条例针对的是尼德兰的中间贸易，但同时也旨在加强英格兰海外殖民地与母国之间的联系。[15] 英格兰舰队的系统性扩张最终证明了英格兰殖民势力取代尼德兰统治的合理性。尼德兰人失去了在巴西的影响力，从而失去了利润丰厚的甘蔗种植园；随着新阿姆斯特丹（在英格兰统治下成为"纽约"）的沦陷，北美的主要据点也被尼德兰人放弃。但是尼德兰人失去重要地位也与其内部的问题有关：东印度公司因腐败而削弱了自己的力量。

到 17 世纪末，两个新教贸易国之间的冲突十分明显。1688年"光荣革命"之后，尼德兰的奥兰治亲王威廉（Wilhelm von

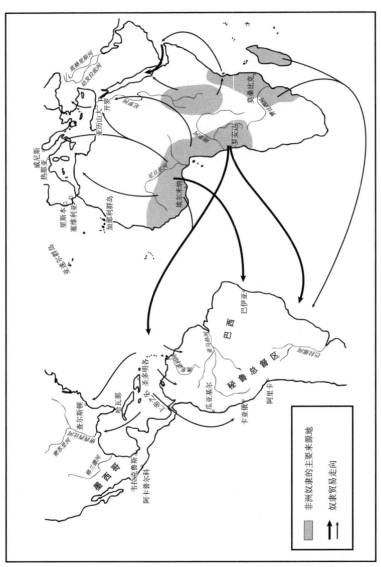

图 10　近代早期的奴隶贸易

Oranien，1650~1702）娶了詹姆斯二世的长女（英格兰的玛丽，
1662~1694）成为英格兰国王，这种冲突就变得无关紧要了。

2 定居型殖民地：北美的英法殖民地历史

与伊比利亚和尼德兰的殖民政策相反，英法两国在北美
旨在建立牢固持久的定居点。相对于尼德兰人和伊比利亚人为
了维护贸易而建立的比较松散的网络结构，北美的宗教利益和
贸易政治利益从一开始就交织在一起，其原因在于，欧洲的宗
教难民建立了许多最初的长期定居地。这些宗教难民当然也追
求商业利益，但他们最初仅与当地居民接触，通过有限的商品
交换来保障自己的生存并确保自己能一直在此定居。在最初的
几年中，尤其是在英国殖民地，定居者的生存保障在印第安人
的帮助下才得以实现。毛皮和木头被用以交换欧洲器物，包括
武器。英格兰和法国定居者不排斥本土的贸易网络；相反，他
们试图稳定共同的贸易关系。欧洲人站稳脚跟后，便开始在北
美进一步占领土地。由于该大陆人口稀少，他们没有像在南美
的西班牙人那样进行流血的征服运动。[16] 然而，欧洲人与原住
民的接触为后者带来了许多破坏性的影响。由于印第安人的
免疫系统无法抵御欧洲人带来的疾病，成千上万的印第安人
死于原本不太严重的传染病。此外，酒精对印第安人的健康
和社会造成了破坏。由于人口灾难，许多印第安部落失去了
他们建立多个世纪的组织结构和权威机构。因此，17 世纪定
居者遭遇的多次猛烈袭击，大概便是无力回天的原住民的保
卫战。

从一开始，北美洲的殖民政策就受到英格兰和法国的激烈
竞争的影响。许多欧洲冲突已经转变为殖民地的代理人战争。

216

法国的殖民政策：1608~1763 年的新法兰西

西班牙在海外贸易中的主导地位一直困扰着法国。法国人最初从欧洲驶入新大陆主要是应对西班牙船只（海盗行为）。法国人的后续步骤是，在北美实施定居计划以及成立贸易公司，他们的目的是在这些定居点建立稳固的结构以更利于生存。1608 年，由鲁昂商人出资并保持贸易公司形式的魁北克毛皮贸易站建立，它是法国第一个长久存续的贸易公司。它通过法国王室获得了特权。1625 年以后，耶稣会教士就从这里开始执行传教任务。魁北克成为法国殖民地新法兰西的中心，一直持续到 1763 年。法国殖民地的经济基础是渔业和毛皮贸易，他们的贸易伙伴是阿尔贡金和休伦（Algonkin und Huronen）的印第安部落。他们的敌人易洛魁人（die Irokesen）与英格兰和尼德兰结盟，还从这两个殖民国家那里获得了武器装备。部落之间的斗争和易洛魁人对法国定居者的袭击使该殖民地难以管理。[17] 法国海军国务秘书让 - 巴蒂斯特·柯尔贝尔（Jean-Baptiste Colbert，1619~1683）发起的第二次创建倡议使魁北克得到了值得重视的蓬勃发展。新法兰西被宣布为王室殖民地，建立了以总督和主权委员会（conseil souverain）为形式的行政机构，从 1659 年起魁北克也有了一位天主教主教。其不仅提供宗教关怀，还在政治决策中拥有发言权。但这阻止了1685 年《南特敕令》废除后离开法国的宗教难民的入境。普遍受过良好教育的富裕的胡格诺派教徒反而移民到了英格兰的殖民地，在那里，他们迅速成为新教精英的一部分。[18] 这种发展表明，法国的殖民政策存在结构性问题。法国的殖民政策不太宽容，它几乎不考虑殖民地人民的利益，而是严格遵守上级的命令，且不符合广泛的、有私人资本的民间利益。因此，魁北克的人口在 1663~1763 年增长相对缓慢，只有 60000 名居民。尽管如此，法国的统治可以扩展到整个密西西比河河谷。1718 年，港口城市新奥尔良（Nouvelle Orléans）建立，1722 年，拥有 500 名居民的新奥尔良被宣布为法国第二片殖民地路易斯安那（Louisiana）的首府。

与在北美的活动并行的是，法国试图在加勒比甘蔗贸易中立足，同时在亚洲贸易中占有一席之地。然而这也增加了法国人与其他海外活跃分子发生军事冲突的风险。[19] 1642 年，黎塞留建立东方公司（Compagnie de l'Orient），并成功地在马达加斯加设立了据点。尽管受到法国的政策支持，但私人投资者还是持保留态度。1672 年，法国殖民者在印度设立了一个据点，即马德拉斯以南的本地治里（Pondicherry）。法国人结合传教活动，在这里与东南亚和东亚建立了贸易—政治联系。法国国内对东方商品的需求也逐渐增加，这使得黎塞留建立的东方公司获得了可观的利润。

但是由于法国的移民人数一直很少，其在北美进一步扩大区域的主张最终无法实现。此外，法国军队对殖民地的军事保护过于薄弱。法国与英格兰冲突不断，对定居者构成了持续性的威胁。由于积极参与全球事务，法国在 18 世纪成为英格兰海军力量和殖民力量的挑战者，这就是欧洲冲突也在北美上演的原因。典型的例子就是欧洲的七年战争与 1756~1763 年北美的法国—印第安人战争（French and Indian War）的平行发展。欧洲的一对劲敌普鲁士和奥地利与两个相互竞争的殖民大国分别结盟：普鲁士和英格兰结盟，奥地利和法国结盟。[20]在 1763 年结束法国—印第安人战争的《巴黎和约》中，法国失去了北美殖民地，英格兰取得了可观的领土收益。在北美的独立战争中，法国站在了殖民地一边。在 1783 年结束独立战争的另一份《巴黎和约》中，英格兰必须公开承认殖民地的独立。

219

1607 年以来英国殖民地的建立

由于多种因素，英国在北美的殖民政策比法国的殖民政策更为成功。[21]第一，许多私人通过建立贸易公司和定居公司，在殖民领土上积极展开考察探险和定居活动，并且乐于承担相关的财政风险。第二，官方通过保证贸易垄断和授予所谓的特许状（Freibriefe）来加强这种活动。这些特许状很快成为各殖民地中类似宪法的成文文书，因为它们最初的规定中包含与殖民地自治形式有关的基本声明，王室对此存有抵触。第三，王室反而支持以商业为导向的贸易公司对殖民地进行传教的投入。第四，英格兰在 17 世纪与西班牙的殖民竞争推动了私人的参与和王室的政治支持。殖民地在宫廷里被视为有价值的原材料产地、潜在的销售区以及多余的本地工人的安置地。因此在殖民扩张的初期，支持私人积极参与是英格兰政治中的一个原则。

在伦敦和普利茅斯（Plymouth）的商人协会即伦敦弗吉尼亚公司（Virginia Company of London）的帮助下，英格兰殖民者在北美东海岸成功建立了第一个移民点。1607 年 5 月 24 日，三艘载有 105 名船员的船只停靠在被船员称为"詹姆斯"（James）河河畔附近的小岛上。1608 年又有其他的定居者带着补给随之而来。此后，最初的定居点就被称为"詹姆斯敦"（Jamestown）。在经历了许多挫折之后，建立防御寨栅以抵御外部攻击的定居点数量有所增加。1622 年，已有 1200 名英格兰人居住在该殖民地，从那时起该殖民地就被叫作"弗吉尼亚"（Virginia）。

1612 年以后，从特立尼达进口的烟草在这块年轻的殖民地上实现成功种植。这是一种出口商品，它给小农以及越来越多的大地主都带来了丰厚的利润。1619 年，一位尼德兰船长将第一批奴隶从非洲带到弗吉尼亚，以支持烟草种植；到

1700 年，已有 40000 名奴隶生活在弗吉尼亚及其邻近的殖民地马里兰（Maryland）。

图 11　1763 年 13 个北美殖民地

　　弗吉尼亚公司将许多其他定居者带到了殖民地，契约佣工（indentured servants）制度被证明是行之有效的。过境时由弗吉尼亚公司预先支付费用，新来者必须以非自由民的身份工作一段时间，然后才能成为拥有少量土地的自由民。1624 年，弗吉尼亚成为王室殖民地。也就是说，国王任命一位总督来执行政务，而殖民地议会是立法机构，但在特殊情况下，设在伦敦的枢密院可以推翻殖民地议会通过的法律。对于在随后的几年中建立的大多数英格兰殖民地来说，这种形式的法律是具有权威性的。

马里兰殖民地的发展并不那么引人注目。1632 年，信奉天主教的巴尔的摩勋爵（Lord Baltimore）在法律意义上被授予大片土地作为封地（授予这份财产是为了预防其违背效忠王室的誓言）。在这里，各基督教派别的宽容共处得以实现。定居者大批涌入。即使殖民地议会中的多数派在 1654 年取消了教派的政治平等，天主教徒被剥夺了选举权，这种情况也依然存在。烟草种植和出口在马里兰也被证明是利润丰厚的。新定居者获得的土地补贴促进了大地产的建立，而较小的农场也在平等的基础上得以发展。这些土地所有者逐渐成为殖民地的社会精英。他们主导了殖民地议会，并且在 18 世纪末将自己视为拥有不列颠血统的美国人，从而形成了自己的地区身份认同。

北美南部出现的其他殖民地也根据王室殖民地的模式进行管理。1663 年，卡罗来纳殖民地（Kolonie Carolina）成立，它后来被分为北部和南部两部分，最初是八位贵族的财产。1669 年，约翰·洛克（John Locke）亲自为殖民地起草了宪法范本。该地区尽管土壤肥沃，但发展缓慢。北卡罗来纳和南卡罗来纳于 1729 年转变为王室殖民地。在大型水稻种植园工作的奴隶大多来自加勒比海。殖民者对奴隶的残酷剥削导致 1739 年的斯托诺叛乱（Stono rebellion），这是 18 世纪北美为数不多的奴隶起义之一。

表 3　北美殖民地的建立形式

殖民地	建立时间及形式		归属王室管辖时间
新英格兰殖民地：			
马萨诸塞	1629	贸易公司	1684
新罕布什尔	1622/1629	私人殖民地	1679
罗得岛 ⎫ 康涅狄格 ⎰	1636	源自定居点的独立社区，于 1644 年和 1602 年被授予特许状	—
中部殖民地：			
纽约	1664	私人殖民地	1689
新泽西	1664	私人殖民地	1702
宾夕法尼亚	1681	私人殖民地	—
特拉华	1664	私人殖民地	—
南部殖民地：			
马里兰	1632	私人殖民地	（1691~1715）
弗吉尼亚	1607	贸易公司	1624
北卡罗来纳 ⎫ 南卡罗来纳 ⎰	1663	私人殖民地	⎧ 1729 ⎩ 1721
佐治亚	1732	私人殖民地	1752

　　1732 年，英格兰最后建立的北美殖民地是最南端的佐治亚（Georgia）以及港口城市萨凡纳（Savannah）。它们的政治职能是保卫西班牙殖民地佛罗里达的边境；英格兰王室一直支持这一任务。虽然佐治亚最初是作为一个私有殖民地建立起来的，但它自 1754 年起也变成了王室殖民地。这个私人殖民地最初是普利茅斯的清教徒的定居点。它成立于 1620 年 11 月，位于后来被称为马萨诸塞（Massachusetts）湾的沿岸，这个殖民地是由 102 名定居者在极端困难的情况下建立的。[22]弗吉尼亚公司派出运送定居者的富有传奇色彩的船只——五月

花号（Mayflower）停靠在贸易公司的领土之外，此地实际处于一个法律真空之中。船员中的一部分人是由宗教难民以及拒绝屈服于英格兰圣公会的坚定的清教徒组成。他们称自己为朝圣者（pilgrims）。在船上航行时，他们签署了后来同样具有传奇色彩的《五月花号公约》（Mayflower Compact）。它是遵循《旧约》典范的契约（covenant，上帝与被拣选的民族以色列之间的契约），为了使人们在当地互相帮助并团结在一起，契约规定他们有义务组成一个政治团体［公民政体（civil body politic）］，以防止出现威胁生命的无政府状态。在契约中，朝圣者之父们（pilgrim fathers）明确将自己称为英格兰国王的臣民；然而，他们订立的契约却代表了他们合法自治的基础，因此他们实践了约翰·洛克在两代人之后才作为"非宗教的合法性统治典范"提出的社会契约。在 18 世纪末，这段定居史就已成为后来的北美共和制民族国家的创始神话。

成立于 1620 年的普利茅斯发展缓慢，该地在 1630 年有300 名居民。该定居点成为英格兰其他清教徒的榜样，因为它一方面证明了在北美严酷的气候环境中生存的可能性，另一方面证明了在定居时与印第安原住民和睦相处的可能性。鉴于欧洲的经济问题和英国日益扩大的宗派冲突，许多富有且受过良好教育的清教徒于 1630 年决定跟随一支更大的定居者队伍来到殖民地。他们成立了马萨诸塞湾公司（Massachusetts Bay Company），并从英格兰国王那里获得了有偿颁发的特许状，该特许状赋予了他们建立殖民地的权利和义务，从而使一大批人迁往北美成为可能。第一批迁移者有 1000 人，到了 1640年，大约有 18000 名清教徒随之而来，其中既有严守教义者也有思想自由的人。他们首先在马萨诸塞湾沿岸的小社区定居，后来也在邻近的殖民地定居。其中心是波士顿，由选举产生的总督约翰·温思罗普（John Winthrop，1588~1649）负责管理。

　　温思罗普和他的 18 名同事每年都必须参加竞选。所有拥有土地的人，即所谓的自由人（freemen），都有选举权。清教徒定居者唯一接受的政治—宗教组织形式是自治教区。他们自己选举牧师，但是他们拒绝牧师以上的等级制度，例如主教教席的形式。位于几个村庄中央的礼拜堂（meetinghouse），是宗教和政治的聚会场所。第一代清教徒定居者将他们生活的地方视为基督徒集体生活的榜样，视为"山巅之城"（City upon a Hill），视为《旧约》中的"天堂般的耶路撒冷"（das himmlische Jerusalem）。为了使每个人都能自己领会《圣经》，所有教区成员都必须学习阅读，并且每个 50 人以上的教区都要聘请一位教师。从 1636 年起，未来的神职人员都要在剑桥的哈佛学院接受培训。尽管马萨诸塞清教徒殖民地具有宗教基础，但政治秩序和神学使命是严格分开的。世俗权力应确保信仰不受干扰地发展，神学家则不应发挥政治影响。很明显，这并不总能顺利进行。

226

　　清教徒定居者与印第安原住民之间的关系最初是非暴力的。像天主教会一样，清教徒也将印第安人视为上帝的造物，他们应该通过洗礼被纳入信徒团体。17 世纪下半叶，清教徒牧师约翰·艾略特（John Eliot）甚至将《圣经》翻译成阿尔贡金印第安语。尽管如此，印第安人仍然逐渐减少。这绝不是有意所为，因为许多损失可能是由欧洲人带来的疾病造成的，印第安人无法应对。但是，清教徒定居者与土著居民之间发生了多次战斗。清教徒定居者主要通过暴力来回应印第安人对自己生活方式和文化方式的捍卫。1600 年居住在清教徒定居点的印第安人约有 70000 人，到 1675 年仅剩 10000 人。

　　18 世纪中叶以后，伟大的复兴运动，即"大觉醒运动"（Great Awakening）结束了清教徒的教区形式。原本占主导地位的博学的清教徒被复兴运动的神学家取代，他们的关切与欧洲的虔信主义密切相关。

纽约、新泽西和宾夕法尼亚等殖民地的建立没有引起什么轰动。它们是私人殖民地，并且由北欧各个地区的定居者组成，这些定居者主要是尼德兰人、斯堪的纳维亚人和德意志人。当纽约殖民地的所有者，即英格兰国王的兄弟于 1685 年以詹姆斯二世的身份成为新一任国王时，这个殖民地就变成了王室殖民地。成立于 1681 年的私人殖民地宾夕法尼亚（由贵格会教友威廉·佩恩建立），旨在为在英格兰国内遭受迫害的贵格会教徒提供庇护，他们出于宗教信仰而拒绝使用暴力。首府费城（Philadelphia，意为兄弟友爱之城）被规划为矩形。城市和殖民地发展迅速。早在 1774 年，这座城市就以 30000 名居民的规模成为 18 世纪英国统治下仅次于伦敦的第二大城市。从 1755 年起，贵格会教徒严厉谴责奴隶制的罪恶，并且不允许在其殖民地内蓄奴。但即使是在他们的定居点，印第安人作为原住民也无法独立生存下来。当渥太华酋长庞蒂亚克（Pontiac）在 1763~1766 年的起义中与文化排挤和地区压制进行斗争时，英军猛烈干预并镇压了该起义。

第七章

尾声：1650 年前后的欧洲

纵览近代早期的欧洲历史可以发现，尽管地区、政治、社会、文化和宗教差异很大，但秩序和变革路径却有着明显的共性。早期的历史学家往往对这一事实不够重视或根本不予承认。视近代早期为各民族特性之"史前史"的观念，在这里留下了它的印记。因此，现今的讨论提出了不同的新问题。与前几代人相比，当前的讨论在评价这个时代时设定了不同的重点。当然，这恰恰也体现了当前时代的特色。正如我在前言中描述的，历史研究有一种特点，即每一代人都从自己的角度（一次又一次地）描述过去。因此，那些自以为无所不知的后代人的指指点点，是如此不合历史又不合时宜。

17 世纪中叶欧洲的面貌如何？与 16 世纪初相比，发生了哪些基本变化？我们该如何评估这些变化？

1　统治与社会秩序

1650 年前后的欧洲并不是一个专制统治的大陆！鉴于对政权的理解以及参与政治的实际组织的普遍差异，这种说法是显而易见的。除了共和国和君主国，还有混合君主制国家。在欧洲地区，阶级参与权在不同程度上得到了实现，但它仍是政治秩序的重要组成部分。这显示了地区传统的强大力量，尽管教派对立导致了新的紧张局势，但地区传统仍然有效。地区和教派特征并不总是相互交织的，但在二者确能交融的地方，它们必是相互加强的。这是因为，政权的监督和限定所体现的合法性对当时的人们来说显而易见。统治只能通过分权来加以限制：作为 16~17 世纪政治、宗教斗争的结果，这种政治—神学的基本准则是广泛适用的。因此，把解决特定的参政诉求并将其纳入中央统治秩序定性为 17 世纪后期通向"更现代的世界"的"道路"（den Weg），是没有意义的。当时的人们也许非常清楚，发展的潜力并不仅仅体现在政权的中心化。通过保护政治参与权来实现掌控同样重要。稳固参与权的方式包括建立政治体制、增强法律的确定性，后者包括将传统的基本权利转化为成文的、具体的形式。宗教改革运动在这方面发挥了重大作用。从这个意义上讲，我们甚至可以称之为近代早期的"共和主义"（Republikanismus），即通过分权来达到在神学层面也站得住脚的权力控制。17 世纪初以后，这一观点适用于所有教派，但教派对立并未因此而结束。

231

分权与集权之争：直到三十年战争结束，这种紧张关系一直占据着主导地位。它激发了持续不断的权力斗争，并在术语之争，即当时不同的政治词汇中也得到体现。国家理性（Staatsräson）原则成为高等贵族统治者的核心主张。此外还有"主权"（Souveränität）这一概念，它阐释了对外与其他政权形式的关系。[1] 神学、哲学和政治的辩论以及非常具体且往往血腥的冲突都围绕着这些主张。另外，分权的思想同样得到了维护，其中包括强调等级自由、良心自由以及祖国的作用，还包括面对违背基督精神的暴君的自卫权。

谁是地方特殊传统的传承者？ 16 世纪中叶以后，特别是在大型贸易城市以及几个帝国城市或首府城市，富有且受过良好教育的市民阶层成为政治决策中不可忽视的参与者。然而自 17 世纪初期以后，贵族也追平了在教育方面占有领先优势的资产阶级。在一些等级大会例如英格兰的下议院中，这两个群体结成联盟。此外，贵族和市民阶层出身者也成长为博学的政治顾问；这促进了建立在专业知识和特殊技能基础上的决策的形成。

宗教改革终结了罗马天主教的统一。同时也意味着遵循中世纪传统的、卡尔五世曾努力追求的普遍君主制的终结。各教派对真理的主张增加了产生冲突的可能性：各等级和中央政权的对立被宗教问题覆盖，政治参与成为保护信仰以及"臣民良心"（der Gewissen der Untertanen）的需求。政治对手在信仰层面上被斥责为"暴君"。宗教和政治的这种紧密联系成为那几十年动荡不安的原因。宗教矛盾和政治矛盾相互纠缠，使宗教战争成为必然。因此出现了对所有人类群体而言最明显的变化：对无数人来说，战争时期意味着财产的损失、痛苦和死亡。对这种命运的抱怨影响了 17 世纪。从理智的经济史的角度看，巨大的人口损失持续限制了所有行业的发展，因此特别是那些受战争影响较大的地区，迫切需要在 17 世纪中叶有一个新的开端。当中情况最严重的就是位于欧洲中心的德意志。

到 16 世纪末，宗教改革运动引发了社会的变革：宗教改革神学一方面使婚姻和家庭的意义提高，另一方面使神职人员融入世俗，这意味着放弃了牧师特殊的神圣地位，同时也有助于确立婚姻中配偶的平等地位。欧洲的地区教派差异很快就以已婚福音派牧师这个新的社会群体的出现表现出来。神学差异对社会秩序形态的影响也因此变得明显。近代早期社会的思想也受到相应的影响。正如马克斯·韦伯（Max Weber）和恩斯特·特洛尔奇（Ernst Troeltsch）在 20 世纪初提出的那样，新教与资本主义精神之间的联系几十年来都被认为是无可争议的。但是，韦伯／特洛尔奇的观点（Weber/Troeltsch-These）在很长一段时间的历史研究中受到驳斥。[2] 无论如何，将近代早期受宗教影响的生活形式与特定的获利方式联系起来的猜想都是值得考虑的。不过，这种联系其实适用于所有教派，认为只与新教有本质联系的观点被证明已经过时了。自 16 世纪末以来，社会秩序的变化还包括士兵越来越多了，这些士兵在以军事冲突为特征的近代早期社会变得越发重要。最近关于军队的作用及暴力和战争的重要性的研究表明，这一群体很难被整合。

2　欧洲宗教的平等与共存

1648 年，在明斯特与奥斯纳布吕克签订的和平条约终于解决了教派之间的武装冲突。近几年的研究也集中在这一领域，因为人们越来越清楚地看到，武装冲突和军事暴力是如何强烈地影响政治秩序和社会结构的。对同时代的人们而言，区别合法暴力与非法暴力是很自然的分类方式；对二者区别的研究使人们有机会接触到当时有关政治行为规范的争论。其中包括对暴力反抗"违背基督精神"的不义统治的辩护；在 16 世纪末整个欧洲宗教—政治冲突加剧的背景下，等级冲突就是一个例子。

与教派有关的战争有多种类型：许多历史学家提到了宗教改革战争、教派战争、信仰战争以及国家建构战争。[3] 它们是基于不同战争目标的表述，于是我们不得不质疑交战双方的宗教动机：在这里发挥作用的是虔信的统治者吗？抑或说，教派战争只是对赤裸裸的强权政治稍作掩饰？宗教仅仅是对外政治中的一个因素，还是具有自主性的一种政治力量？[4] 不要期望能够简单地回答这些问题。用以实施和保护宗教改革的早期战争已存在宗教的渗透，政治和宗教相互交织在一起，无论在内政中，还是对外与其他统治秩序对立时。到了 17 世纪中叶，这种相互交织慢慢消失了。三十年战争的最后阶段已经表明，更多的政治决策被做出，而教派属性已相对弱化了。和平条约本身便是这一趋势的最好的证明：教派属性不再是做出政治决策的关键因素，因此"真理问题"在教派中可以被忽略不谈了。1555 年的《奥格斯堡宗教和约》似乎已经预示了一条出路，它以对冲突的遏制告终，但它如今已成为团结的原则：没有人放弃自己对真理的主张，但也没有人强调这种主张是政治决策的要素。教派平等与教派共存原则因而诞生，并为 18 世纪末基于神学的相互宽容开辟了道路。

　　在国际关系研究中，《威斯特伐利亚和约》尤其在以下这种解释中有着重要地位：这份和约是主权国家首次进行的有效的交流；因此，宗教战争也是国家建构的战争。有很多东西说明了这一点。政治参与者的自主权成为外交政策的一个范畴，法律地位平等的国家并存，而且按照法律原则，采取手段调节国内冲突和国际冲突；普遍君主制最终被束之高阁。这些因素无疑影响了 17 世纪下半叶和 18 世纪的历史，但是其中许多内容在 1650 年之前尚未成熟。因此，我们还是需要谨慎对待将《威斯特伐利亚和约》定性为国际体系的观点。相反，这份和约开始了一个长期的过程。历史学家指出，1648 年的许多约定没有得到执行，情况的确如此。当时存在的统治形式是否就是 19 世纪意义上的国家？我们对于这一问题还留有疑问。但毋庸置疑的是，跟 17 世纪初相比，它是一次变革、一个转折点。

3　世界观的变化与欧洲的扩张

　　欧洲人超越国界的视野是造就变化、使欧洲与 1500 年前后的时代截然不同的根本因素。海员、商人和定居者在亚洲、非洲及美洲的经历展示了一个之前鲜为人知甚至闻所未闻的

235

全新世界。之前一直奉行的世界观从根本上受到了质疑，尽管一开始只有精英和那些离开欧洲去探索陌生事物的人们会反思既有的观念。这意味着"旧世界也必须被重新认识和理解"。[5]

欧洲人要重新认识的不止有形的物品。还有组织结构，以及技术、艺术、文化和科学知识。亚洲给欧洲带来的影响尤其如此。例如，与印度专家交流得到的植物学知识和在欧洲出版的植物学著作引起了轰动，这主要是因为印度人对经验、实践和系统分类有着考究的处理。语言科学方面也有类似的发现，尤其是耶稣会教士系统地探索海外语言并将其传回欧洲。多样的语言揭示了人类的交流有着难以想象的复杂性。时人根据旧欧洲的认知范畴来审视这些新见解实也不足为奇；毕竟当时的欧洲也没有其他标准和尺度！但可以看出，"新的经历和新认识到的事物迫使人们更改或修正其传统观点"。[6] 这种感知和影响激发了对自身和陌生事物的不同认识。

文献说明

　　16世纪和17世纪上半叶的欧洲历史在国际上得到了广泛的研究。这是一个宗教改革、教派分裂、宗教战争和海外扩张的时期，因此北美史学向来也对此很感兴趣。自1839~1847年兰克的研究以来，德意志和欧洲—北美关系成为长期的研究主题。宗教改革史档案馆（成立于1901年）自1972年以来每年都出版文献报告，它涵盖天主教改革和教派文化发展的丰富内容。有了这个研究素材，所有科学工作者便都可以对16世纪上半叶进行合理的推断。1960~1990年，关于宗教改革的争论成为欧洲政治集团的一个研究主题：西欧—北美学术界拒不接受马克思主义关于"早期资产阶级革命"的定义。同时，它也为在整个欧洲范围内从社会史和经济史方面对宗教改革进行评价提供了机会。这场有争议的辩论实际在1989年就已结束。从那时起，有关宗教和信仰在国内外政策决策中的作用的问题日益引起历史学家的兴趣。此外，每逢重要的周年纪念日，第一代的三位改革者（路德、加尔文、茨温利）的传记就会再次受到重视。这些领域的核心出版物包括B. Moeller的《帝国城市与宗教改革》（*Reichsstadt und Reformation*）、Th. Brady的《宗教改革时代的德国史》（*German Histories in the Age of Reformation*）、G. Vogler的《向近代出发的欧洲》（*Europas Aufbruch in die Neuzeit*）、H. Schilling的《新时代：从基督教的欧洲到国家的欧洲》（*Die neue Zeit. Vom*

Christenheitseuropa zum Europa der Staaten）、W. Reinhard 的《国家权力史：欧洲的比较宪法史》（*Geschichte der Staatsgewalt. Eine vergleichende Verfassungsgeschichte Europas*）、B. Hamm 的《市民阶级和信仰：城市宗教改革的轮廓》（*Bürgertum und Glaube. Konturen der städtischen Reformation*）、A. Pettegree 的《16 世纪的欧洲》（*Europe in the 16th Century*）、M. Greengrass 等人的《与宗教多样性共存》（*Living with religious Diversity*）、Th. Kaufmann 的《宗教改革史》（*Geschichte der Reformation*）、V. Leppin 的《马丁·路德》（*M. Luther*）、L. Schorn-Schütte 的《宗教改革》（*Die Reformation*）。S. Hendrix 的《重新种植葡萄园》（*Recultivating the Vineyard*）为关于宗教改革运动特征的持续不断的辩论提供了新的动力。当然，政治与宗教相互交融的问题并非自 1990 年以来才存在，但是从那时起，历史学家对其特征的兴趣再次增强。其中包括关于暴力的功能和合法性的问题，它既是社会内部纠纷的影响因素，也是对外政策的组成部分。这一点也引发了关于政权体系之间和社会秩序内部对宗教宽容的范围和起源的争论。该研究探讨了公民合法权利和人权可能源自何处的问题：是 16 世纪中叶以来在整个欧洲的等级辩论中提出的对"良心自由"的要求？还是 1555 年以来不同教派的生活方式和真理主张之间的相互包容？并且，应该如何描述自 16 世纪中叶以来整个欧洲的另一场激烈辩论，即面对违背基督精神的、专制的权威时，臣民在什么情况下有权进行自卫呢？这场"暴君辩论"从 19 世纪末以来多次出现，其中马克斯·韦伯和恩斯特·特洛尔奇的评价与 21 世纪早期的历史学家有所不同。由于现在的研究首先看到的是欧洲内部的平行性，其观点也随着对东南欧和中东欧历史的兴趣的增强而明显有所区别。相关信息尤见于 E. Wolgast 的《人权和市

民权利史》(*Geschichte der Menschen- und Bürgerrechte*)、
R. v. Friedeburg 的《自卫和宗教冲突》(*Self-Defence and Religious Strife*)、L. Schorn-Schütte 的《近代早期欧洲史》
(*Geschichte Europas in der Frühen Neuzeit*)、M. Scattola
的《神学政治》(*Teologia politica*)、G. Haug-Moritz 的
《施马尔卡尔登同盟》(*Der Schmalkaldische Bund*)、A.
Strohmeyer 的《宗教冲突和政权体系》(*Konfessionskonflflikt und Herrschaftsordnung*)、R. G. Asch 的《英格兰和苏格兰国
王詹姆斯一世》(*Jakob I. König v. England und Schottland*)、
A. de Benedictis 等人编著的《知识、良心和科学》(*Wissen, Gewissen und Wissenschaft*)、M. van Gelderen 的《荷兰起义
的政治思想》(*The Political Thought of the Dutch Revolt*)。
暴力的合法性问题对于所有涉及区别和定性不同战争类型的
研究也很重要,这些战争以教派战争、信仰战争、宗教改革
战争或宗教战争的形式出现。不同类型的战争是相互区别
的,宗教战争与现代国家的形成之间的联系在旧研究(Otto
Hintze,1861~1940)中得到强调。就这点而言,三十年
战争之前的历史和战争进程以及《威斯特伐利亚和约》的
结构和影响是欧洲学术界正在深入研究的领域。相关信息
来自 J. Burkhardt 的《德国史》(*Deutsche Geschichte*)、
W. Reinhard 的上述作品、M. Stolleis 的《国家和国家理智》
(*Staat und Staatsraison*)、M. Heckel 的《教派冲突时代
的德国》(*Deutschland im konfessionellen Zeitalter*)、A.
Pettegree 的上述作品、G. Schmidt 的《三十年战争》(*Der Dreißigjährige Krieg*)、Th. Maissen 的《共和国的诞生》
(*Die Geburt der Republik*)、H. Schilling 的《宗教化和国
家利益》(*Konfessionalisierung und Staatsinteressen*)。在
此背景下,17 世纪中叶以前的统治秩序能否被定性为 19 世纪

意义上的"国家"，是存在争议的。但是直到 17 世纪中叶之前，内政和外交政策的捍卫者在人员方面并无差异。鉴于这个问题，德语世界的近代早期研究已经对旧帝国的特征展开了激烈的辩论，其中包括在近代早期是否存在关于"民族"和"爱国"的自我认知的讨论。相关信息来自 B. Stollberg-Rilinger 的《神圣罗马帝国》（*Das Heilige Römische Reich*）、G. Schmidt 的《旧帝国史》（*Geschichte des Alten Reichs*），以及 H. Schilling、W. Reinhard、L. Schorn-Schütte 的上述作品。在针对外交政策和军事秩序的研究中，军队在早期近代社会中的重要作用变得显而易见。军队的社会史是政治社会史的一个方面。在何种选举程序中，谁被选出来完成哪些任务？要想回答这些问题，了解近代早期社会中的军队便十分重要。这些具体的"人事决策"（Personalentscheidungen）不能简单地被描述为决策过程的"更现代化"（职业化）；相反，它更多地与雇佣关系和亲缘关系有关，这二者在近代早期是行使统治的根本方式，因此必须被严肃对待。接下来便是对 16~17 世纪社会中如何进行交流的思考。举止和仪式扮演了什么角色？那些与伟大思想一同被用于日常实践的政治词汇（剑桥学派意义上的政治语言）发挥了什么作用？我们如何解释某些政治和神学知识在欧洲不同地区几乎同时出现，哪怕似乎没有明确的证据表明这些知识在当时得到广泛接受，且似乎也并不存在一个如 18 世纪那样的社会公众？相关信息见于 G. Böhm 的《如何望图生义》（*Wie Bilder Sinn erzeugen*）、P. Blickle 的《旧欧洲》（*Das Alte Europa*）、C. Zwierlein 的《演讲与地法》（*Discorso und lex dei*）、L. Schorn-Schütte 的《历史性政治研究》（*Historische Politikforschung*）、B. Stollberg-Rilinger 的《皇帝的旧衣》（*Des Kaisers alte Kleider*）、M. Scattola 的《知识的战争：战争的知识》（*Krieg des Wissens –*

Wissen des Krieges）、C. Condren 的《论据和权威》（*Argument and Authority*）。它尤其与欧洲面对新世界的海外扩张以及跨越自己以前所认为不可改变的边界有关。它也改变了欧洲以及欧洲人最初通过贸易所征服的大陆。相关信息来自 R. Wendt 的《从殖民主义到全球化》（*Vom Kolonialismus zur Globalisierung*）、W. Reinhard 的《欧洲扩张史》（*Geschichte der europäischen Expansion*）、A. Brendecke 的《帝国和经验主义》（*Imperium und Empirie*）。有一种直到 20 世纪中叶仍然占主导地位的论点，即欧洲创造了国家，且该过程主要始于宗教分裂、欧洲扩张和军事暴力日益严重的 16 世纪。这一论点仍然具有争议。然而，随着《威斯特伐利亚和约》的达成，一个转折点到来了：统治者们认识到，人们必须在信仰差异上相互容忍；那种直到 17 世纪中叶都能持续参与政治决策的特殊势力正在失去力量。在这个转折点上，关于近代早期特征的争论重新开始：它是现代性"本身"的"加热器"，还是一个拥有自身活力的时代？对许多历史学家来说，这标志着一种背离，即背离了从现代性理论角度对近代早期进行的阐释。相关信息见于 P. Münch 的《近代早期的生活形式》（*Lebensformen in der Frühen Neuzeit*）、W. Schulze 的《近代史导论》（*Einführung in die neuere Geschichte*）、M. Scattola 的《先于自然法的自然法》（*Das Naturrecht vor dem Naturrecht*）、R. Schlögl 所编著的《互动与支配》（*Interaktion und Herrschaft*）。

C.H. 贝克出版社主页上提供了更详细的文献说明，详情请查询 www.chbeck.de/Konfessionskriege-und-europäische Expansion。另可浏览 www.chbeck.de/geschichte-europas 了解"贝克欧洲史"丛书。

大事年表

1492 年	征服格拉纳达和完成西班牙收复失地运动；卡斯蒂利亚和阿拉贡合并；克里斯托弗·哥伦布"发现"美洲；
1494 年	《托德西拉斯条约》签订，将世界划分为西班牙和葡萄牙的势力范围；
1495 年	沃尔姆斯帝国会议召开，一系列帝国改革开始；
1497 年	西班牙征服梅利利亚；西班牙攻打马格里布要塞的多场战役开始（1509 年奥兰；1510 年阿尔及尔、布吉尔、的黎波里；1535 年博纳、比塞塔、突尼斯；1559 年杰尔巴）；
1498 年	瓦斯科·达·伽马到达印度；
自 1498 年起	在印度洋建立葡萄牙据点（1498 年蒙巴萨、1498 年卡利卡特、1505 年桑给巴尔、1510 年果阿、1511 年马六甲、1536 年迪乌）；
15~16 世纪	反犹太人浪潮（包括 1492 年西班牙、1493 年马格德堡总主教区、1494 年克拉科夫、1496 年符腾堡和萨尔茨堡总主教区、1498~1499 年纽伦堡、1510 年柏林和勃兰登堡边区、1519 年雷根斯堡、1536~1543 年萨克森选侯国、1540 年那不勒斯；另外，英格兰早在 1290 年、法国早在 1394 年就出现此种情况）；维滕贝格大学建立；
1502 年	弗朗索瓦一世在马里尼亚诺战胜瑞士军队；
1515 年	瑞士积极外交政策终结；
1516 年	鹿特丹的伊拉斯谟（1465/1469~1536）发表《新约希腊文圣经》（*Novum Instrumentum omne*）；托马斯·莫尔（1478~1535）发表《乌托邦》（*De optimo statu rei publicae deque nova insula Utopia*）；
1517 年	马丁·路德（1483~1546）发表《九十五条论纲》；
1519 年	卡斯蒂利亚和阿拉贡国王哈布斯堡的卡尔被选为皇帝（1519~1556）；茨温利（1484~1531）在苏黎世，瑞士宗教改革开始；
1519~1522 年	麦哲伦和埃尔卡诺的第一次环球航行；
1521 年	沃尔姆斯帝国会议颁布《沃尔姆斯敕令》，即针对路德的剥夺法律保护令；

1522 年	卡尔五世和斐迪南一世划分哈布斯堡王朝遗产;
1522~1523 年	德意志骑士战争 / 普法尔茨骑士起义;
1523 年	古斯塔夫·瓦萨加冕为瑞典国王,丹麦—挪威和瑞典之间的联盟结束;
1524~1525 年	德意志农民战争;
1525 年	大团长阿尔布雷希特将条顿骑士团国转变为世俗的普鲁士公国;
1526 年	第一次施佩耶尔帝国会议;
1527 年	罗马之劫(Sacco di Roma),帝国雇佣军洗劫罗马;在马尔堡成立第一所路德宗教会大学;
1529 年	苏莱曼一世的奥斯曼帝国围攻维也纳;第二次施佩耶尔帝国会议;路德与茨温利在马尔堡开展宗教谈话;马丁·路德编写《小教理问答》(*Kleiner Katechismus*);《萨拉戈萨条约》确认《托德西拉斯条约》的内容;
1530 年	奥格斯堡帝国会议召开,颁布《奥格斯堡信纲》;《四都市信纲》(斯特拉斯堡、梅明根、林道、康斯坦茨)颁布;
1531 年	施马尔卡尔登同盟建立;
1532 年	尼可罗·马基雅维利(1469~1527)的《君主论》(*Il principe*)出版(遗作,写于 1513 年);
1534 年	《至尊法案》(Act of Supremacy)颁布,国王(亨利八世)成为英格兰教会的领袖;依纳爵·罗耀拉在巴黎创立耶稣会(1540 年获教宗保罗三世批准);
1534~1535 年	明斯特的再洗礼派建立地方政权;
1536 年	约翰·加尔文发表《基督教要义》;
1540 年	菲利普·梅兰希顿发表《奥格斯堡信纲》改订版;
1541 年	约翰·加尔文支持《奥格斯堡信纲》改订版;
1541~1564 年	约翰·加尔文 (1509~1564) 在日内瓦;
1542 年	卡尔五世颁布《新法律》(Leyes Nuevas),将印第安人置于西班牙王室的保护之下(1545 年部分撤回);
16 世纪中叶	西班牙开展关于印第安人权利的辩论;巴托洛梅·德·拉斯·卡萨斯和弗朗西斯科·德·维多利亚维护印第安人的权利;胡安·吉内斯·德塞普尔韦达(Juan Ginés de Sepúlveda, 1490~1573)持反对观点;
1543 年	尼古拉·哥白尼发表《天体运行论》(*De Revolutionibus Orbium Coelestium*);
1545~1563 年	三次特伦托宗教会议(1545~1547 年、1551~1552 年、1562~1563 年);
1546~1547 年	施马尔卡尔登战争;米尔贝格战役中皇帝获胜并粉碎施马尔卡尔登同盟,战争结束;

1547 年	伊凡·瓦西里耶维奇四世（"恐怖的伊凡"）加冕成为俄国第一位沙皇；
1548 年	"全副武装的奥格斯堡帝国会议"召开，颁布《奥格斯堡临时协议》；
1549 年	约翰·加尔文／纪尧姆·法雷尔（Guillaume Farel）和海因里希·布林格（Heinrich Bullinger）签署《苏黎世信仰共识》（Consensus Tigurinus），统一的瑞士宗教改革开始；约翰·诺克斯（John Knox，约 1514~1572）在苏格兰传播改革思想；
1551 年	安杰伊·弗雷奇·莫杰夫斯基发表《论共和国的修复》（*De Republica emendanda*）；
1552 年	由萨克森选帝侯莫里茨领导的德意志诸侯改革开始，新教反对派力量加强；
1552~1556 年	喀山汗国和阿斯特拉罕汗国被摧毁，俄国向伏尔加河流域扩张；
1555 年	《奥格斯堡宗教和约》；
1558 年	伊丽莎白女王在英格兰登基，在都铎王朝的玛丽一世的天主教统治之后恢复新教的地位；
1558~1583 年	利沃尼亚战争（第一次北方战争），俄国和波兰—立陶宛对阵丹麦和瑞典，结束于 1583 年《普柳萨和约》；
1559 年	法国和西班牙签订《卡托－康布雷齐和约》，结束了自 1494 年以来一直在进行的欧洲霸权战争（"意大利战争"）；
1560~1630 年	"小冰河时期"；
1562~1598 年	法国八次内战，天主教徒反对新教徒（胡格诺派）；
1564~1616 年	威廉·莎士比亚；
1567 年	阿尔瓦公爵继任西属尼德兰总督（至 1573 年）；西班牙军队洗劫安特卫普（"西班牙狂暴"）；霍恩的菲利普伯爵被处决；
1568~1648 年	西班牙—尼德兰战争（"八十年战争"）；荷兰独立；
1569 年	波兰和立陶宛建立"卢布林联合"；
1570 年	《桑多梅日共识》达成，维护波兰贵族的宗教信仰自由；
1571 年	"神圣联盟"在勒班陀（科林斯海湾）取得海上胜利，奥斯曼帝国对地中海统治的终结；克里米亚鞑靼人掠夺莫斯科；
1572 年	圣巴托洛缪大屠杀（"巴黎的血腥婚礼"）；
1575 年	莱顿大学建立；
1576 年	让·博丹发表《共和六书》；
1580 年	《协同书》（Konkordienbuch: Confessio Augustana invariata）成为路德宗的教义文献，以区别于改革宗；
1588 年	西班牙无敌舰队战败，英格兰建立海上霸权；纳瓦拉的亨利皈依天

	主教并成为法国国王（亨利四世）（"巴黎值得做一次弥撒"）；
1596 年	波兰—立陶宛东正教和罗马天主教会之间的布列斯特教会合并；
1598 年	《南特敕令》颁布，保护胡格诺派的公民权益；
1600~1629 年	波兰—瑞典战争；1629 年阿尔特马克停战；
1600 年	东印度公司（EIC）建立；
1602 年	尼德兰东印度公司（VOC）建立；
1603 年	约翰内斯·阿尔图修斯（Johannes Althusius，约 1563~1638）发表《政治方法汇纂》（*Politica Methodice Digesta*）；
1607 年	在切萨皮克湾建立詹姆斯敦；
1608 年	魁北克建立；
1609 年	胡果·格劳秀斯（1583~1645）发表《海洋自由论》（*Mare Liberum*）；约翰内斯·开普勒（1571~1630）发表《新天文学》（*Astronomia Nova*）；
1613 年	米哈伊尔·费奥多罗维奇·罗曼诺夫一世成为俄国沙皇，建立罗曼诺夫王朝，该王朝一直统治到 1917 年；
1614 年	弗朗西斯·培根（1561~1626）发表《新大西岛》（*The New Atlantis*）；
1618 年	布拉格掷出窗外事件与波希米亚起义引发三十年战争；约翰内斯·开普勒发表五卷本《世界的和谐》（*Harmonices Mundi libri*）以及"开普勒定律"；
1619 年	巴达维亚（雅加达）成为尼德兰东亚贸易帝国的中心；普法尔茨的弗里德里希五世成为波希米亚国王（直到 1620 年）（"冬日之王"）；
1620 年	白山之战爆发，三十年战争的军事冲突正式开始；朝圣者之父的"五月花号"在科德角靠岸；
1621 年	尼德兰西印度公司建立；
1623 年	弗朗西斯·培根发表《论科学的尊严与进展》（*De dignitate et augmentis scientiarum*）（写于 1605 年）；
1624 年	枢机主教黎塞留成为法国首相（至 1642 年）；
1625 年	华伦斯坦成为所有帝国军队的领袖；胡果·格劳秀斯发表《战争与和平法》（*De jure belli ac pacis*）；
1628 年	《权利请愿书》（Petition of Rights）；
1629 年	《吕贝克和约》签订，丹麦退出三十年战争；斐迪南二世皇帝颁布《归还教产敕令》；
1630 年	伽利略·伽利雷（1564~1642）发表《关于托勒密和哥白尼两大世界体系的对话》；瑞典介入三十年战争；
1634 年	华伦斯坦被刺杀；

1635 年	法兰西科学院（Académie Française）初创；约翰·塞尔登（John Seldon）发表《海洋封闭论》（*Mare Clausum*）；
1637 年	勒内·笛卡尔发表《谈谈方法》（*Discours de la méthode*）；
1640 年	长期议会（Long Parliament）；
1642 年	托马斯·霍布斯发表《论公民》（*De Cive*）；
1642~1649 年	英国内战；
1644 年	约翰·弥尔顿（1608~1674）发表《论出版自由》，反对印刷作品的预审查；
1648 年	在明斯特和奥斯纳布吕克签订《威斯特伐利亚和约》；波兰—立陶宛爆发哥萨克起义，由此引发大规模的反犹太人大屠杀；巴黎爆发投石党运动；
1649 年	查理一世在伦敦被处决，英格兰共和国成立；俄国建立第一个太平洋沿岸定居点鄂霍次克（Ochotsk）；
1651 年	托马斯·霍布斯发表《利维坦》（*Leviathan*）；
1668 年	汉斯·雅各布·克里斯托夫·冯·格里美尔斯豪森（Hans Jokob Christoffel von Grimmelshausen）发表《痴儿西木传》（*Der Abentheuerliche Simplicissimus Teutsch*）。

注　释

第一章　序幕：1500 年前后的欧洲

1. 例如指南针，借助这项发明，大陆之间漫长的海上航线变得通行无阻；关于这一点详见第六章。

2. 这是迈克尔·米特劳尔（Michael Mitterauer）几年前从人口学和中世纪史研究者的视角提出的问题；参见 Michael Mitterauer, Warum Europa?, Berlin 2003。

3. Paul Münch, Lebensformen in der Frühen Neuzeit 1500–1800, Frankfurt / M. 1992, S. 180.

4. 出处同上，S. 182。

5. 相关内容出处同上，S. 184 ff.；此外参见 Andrew Pettegree, Europe in the 16th Century, 2. Aufl., Oxford 2005, S. 7 f.。

6. 参见 Wolfgang Reinhard, Lebensformen Europas. Eine historische Kulturanthropologie, München 2004, S. 593。

7. 总体参见 Pettegree, Europe, S. 8 f.。

8. 其中包括奥格斯堡、比贝拉赫等。

9. 其至今的发展参见 Reinhard, Lebensformen, S. 596–598。

10. 也可参见 Münch, Lebensformen, S. 174–178。

11. 这里需要明确反对一种几近僵化的"终极论"（Finalismus）；在过去三十年里，在现代化概念的影响下，这种思想深刻影响了欧洲历史学界对近代早期的书写；也可参见 Luise Schorn-Schütte, Geschichte Europas in der Frühen Neuzeit, Paderborn 2009, S. 15–27 und S. 343–346。

12. Reinhard, Lebensformen, S. 582–585 也对欧洲以外社会的秩序进行了分析。

13. Münch, Lebensformen, S. 162, 以及 Reinhard, Lebensformen, S. 593。

14. Münch, Lebensformen, S. 169.

15. 总体详见 Reinhard, Lebensformen, S. 417。

16. Vogler, Europas Aufbruch, S. 20.

17. 出处同上。

18. 相关内容出处同上，S. 22-24，还有 Peter Blickle, Das Alte Europa. Vom Hochmittelalter zur Moderne, München 2008, S. 15-17。

19. 例证见于 Winfried Schulze, Europa in der Frühen Neuzeit – Begriffsgeschichtliche Befunde, in: Heinz Duchhardt u. a. (Hgg.), "Europäische Geschichte" als historiographisches Problem, Mainz 1997, S. 35-65, hier S. 64 f.。

20. Geoffrey Barraclough, Die Einheit Europas als Gedanke und Tat, Göttingen 1967, S. 26.

21. 女性的生育能力随着年龄的增长而下降。

22. 参见 Schorn-Schütte, Geschichte Europas, S. 29。

第二章　国王作为"一家之长"？——宪法和社会秩序

1. "辩护叙事"源自习俗或传统，是对政治参与权或统治权的主张。也可参见 Schorn-Schütte, Geschichte Europas in der Frühen Neuzeit, Paderborn 2009, S. 183 f.。

2. 参见 Ronald G. Asch, Europäischer Adel, Köln u. a. 2008, S. 18 f. u. ö. 中的欧洲视角。

3. 出处同上，S. 17 f.。

4. 关于这些截然不同的规定，参见 Asch, Europäischer Adel, S. 20-24。

5. 参见 Schorn-Schütte, Geschichte Europas, S. 60-61.

6. Asch, Europäischer Adel, S. 41 f..

7. 基本内容见于 Wolfgang Reinhard, Geschichte der Staatsgewalt. Eine vergleichende Verfassungsgeschichte Europas von den Anfängen bis zur Gegenwart, München 1999, S. 211 ff.。

8. 对研究现状的总结见于 Asch, Europäischer Adel, S. 89-96。

9. 这一用词见于 Neugebauer, Wolfgang, Politischer Wandel im Osten. Ost-und West-preußen von den alten Ständen zum Konstitutionalismus, Stuttgart 1992, S. 65-86。

10. 这一叙述见于 Reinhard, Geschichte der Staatsgewalt, S. 210。

11. 完整的总结见于 Schorn-Schütte, Geschichte Europas, S. 132-162。

12. 这一叙述见于 Gerhard Oestreich, Strukturprobleme der Frühen Neuzeit hg. v. B. Oestreich, Berlin 1980, S. 183。

13. 参见 Reinhard, Geschichte der Staatsgewalt, S. 51 以及 Ronald G. Asch / Heinz Duchhardt (Hgg.), Der Absolutismus – ein Mythos?, Köln 1996。

14. 该数据见于 Andrew Pettegree, Europe in the 16th Century, 2. Aufl., Oxford 2005, S. 72 f.。

15. 出处同上，S. 75。

16. 相关证据见于 Schorn-Schütte, Geschichte Europas, S. 51 f.。

17. 详见于 Franz Mathis, Die deutsche Wirtschaft im 16. Jahrhundert, München 1992, S. 118 ff.；

对 "划时代的早期资本主义" 这一论点的批判，见于 Winfried Schulze, Einführung in

die neuere Geschichte, 4. Aufl., Stuttgart 2002, S. 117 ff.。

18. 参见 Thomas Maissen, Art. "Republik", in: Der Neue Pauly, Bd. 15 / 2, S. 714–741。

19. 这 一 描 述 见 于 André Holenstein / Lothar Gall, Bauern zwischen Bauernkrieg und

Dreißigjährigem Krieg, München 1996, S. 13 f.。

20. Andreas Holzem, Religion und Lebensformen. Katholische Konfessionalisierung im

Sendgericht des Fürstbistums Münster 1570–1800, Paderborn 2000, S. 238 f.

21. 参见 Bernhard Kroener / Ralf Pröve (Hgg.), Krieg und Frieden. Militär und Gesellschaft in

der Frühen Neuzeit, Paderborn 1996。

22. 这是受了 Geoffrey Parker, Die militärische Revolution. Die Kriegskunst und der Aufstieg

des Westens 1500–1800, Frankfurt / M. 1990 的影响。

23. 这两个名称反映了不同地区对同一群体有不同称呼，参见 Matthias Rogg, Die

Ursprünge: Ritter, Söldner, Soldat. Militärgeschichte bis zur Französischen Revolution

1789, in: Grundkurs deutsche Militärgeschichte, Bd. 1: Die Zeit bis 1914. Vom

Kriegshaufen zum Massenheer, im Auftrag des Militärgeschichtlichen Forschungsamtes

hrsg. von Karl-Volker Neugebauer, München 2006, S. 1–122。

第三章　改革即剧变？——宗教和政治

1. Wolfgang Reinhard, Probleme deutscher Geschichte, Stuttgart 2001, S. 53.

2. Hans-Christoph Rublack, Reformation und Moderne. Soziologische, theologische und

historische Ansichten, in: Hans R. Guggisberg (Hg.), Die Reformation in Deutschland

und Europa. Interpretationen und Debatten. Beiträge zur gemeinsamen Konferenz der

Society for Reformation Research und des Vereins für Reformationsgeschichte, 25.–30.

September 1990, im Deutschen Historischen Institut, Washington, D. C., Gütersloh 1993,

S. 17–38, S. 35.

3. Berndt Hamm, Von der spätmittelalterlichen reformatio zur Reformation. Der Prozeß

normativer Zentrierung von der Religion und Gesellschaft in Deutschland, in: Archiv für

Reformationsgeschichte 84 (1993), S. 7–82, S. 64.

4. 出处同上。

5. 详见 Helga Schnabel-Schüle, Die Reformation 1495–1555. Politik mit Theologie und

Religion, Stuttgart 2006, S. 116–119。

6. 这一概念见于 Reinhard, Probleme, S. 289。

7. 从大量的研究中可以看出这一点，例如可参见 Francis Rapp, Christentum IV: Zwischen

Mittelalter und Neuzeit (1378–1552), Stuttgart 2006, S. 353–359, 这本书里还有其他参考书目。研究中也把这场改革运动称为 "第二次改革"，这一指称富有争议。

8. 参见Luise Schorn-Schütte, E. Troeltschs "Soziallehren" und die gegenwärtige Frühneuzeitforschung. Zur Diskussion um die Bedeutung von Luthertum und Calvinismus für die Entstehung der modernen Welt, in: Friedrich Wilhelm Graf / Trutz Rendtorff (Hgg.), E. Troeltschs Soziallehren. Studien zu ihrer Interpretation, Gütersloh 1993 (= Troeltsch-Studien 6), S. 133–151。

9. 相关内容见于 Luise Schorn-Schütte, Die Reformation, 5. Aufl., München 2010, S. 54–71。

10. 参见 Peter Blickle, Die Reformation im Reich, 3. Aufl., Stuttgart 2000。

11. 参见 Olaf Mörke, Die Reformation. Voraussetzungen und Durchsetzung (= Enzyklopädie deutscher Geschichte 74), München 2005, S. 36。

12. 总体参见 Schorn-Schütte, Reformation, S. 54 ff.; 此外，Thomas Kaufmann, Geschichte der Reformation, Frankfurt / M. und Leipzig 2009 也提供了权威的概述。

13. Fritz Dickmann (Bearb.), Renaissance, Glaubenskämpfe, Absolutismus, 3. Aufl., München 1982, S. 145.

14. Heinz Schilling, Aufbruch und Krise. Deutschland 1517–1648, Berlin 1988, S. 148.

15. Wolfgang Reinhard, Probleme deutscher Geschichte 1495–1806. Bd. 9: Reichsreform und Reformation 1495–1555, 10. Aufl., Stuttgart 2001, S. 302.

16. Peter Blickle, Der Bauernkrieg. Die Revolution des kleinen Mannes, 3. Aufl., München 2006.

17. Mörke, Reformation, S. 28.

18. Arthur G. Dickens, The German nation and Martin Luther, London 1974, S. 182.

19. Bernd Moeller, Reichsstadt und Reformation, bearb. Neuausgabe, Berlin (Ost) 1987 [erstmals Gütersloh 1962], S. 15.

20. 出处同上，S. 19。

21. Berndt Hamm, Bürgertum und Glaube. Konturen der städtischen Reformation, Göttingen 1996, S. 51.

22. 简要信息参见 Mörke, Reformation, S. 98。

23. Mörke, Reformation, S. 94.

24. Mörke, Reformation, S. 98–100 提供了非常中肯的评判；重要的提示可见于 Schnabel-Schüle, Reformation, S. 260–264。

25. Heinrich Lutz, Das Ringen um deutsche Einheit und kirchliche Erneuerung. Von Maximilian I. bis zum Westfälischen Frieden (= Propyläen Geschichte Deutschlands 4), Berlin / Frankfurt / M. 1987, S. 219.

第四章 什么是宗教战争？——战争与暴力

1. 这一概念可见于 Axel Gotthard, Der gerechte und der notwendige Krieg, in: Andreas Holzem (Hg.), Krieg und Christentum. Religiöse Gewalttheorien in der Kriegserfahrung des Westens, Paderborn 2009, S. 470–504。

2. Gabriele Haug-Moritz, Der schmalkaldische Krieg (1546 / 47). Ein kaiserlicher Religionskrieg?, in: Franz Brendle / Anton Schindling (Hgg.), Religionskrieg im Alten Reich und in Alteuropa, 2. Aufl., Münster 2010, S. 93–106, S. 93 unter Verweis auf Denis Crouzet, Les Guerriers de Dieu. La violence au temps des troubles de religion vers 1525–vers 1610, 2 Bde., Seyssel 1990.

3. Winfried Schulze, Einführung in die neuere Geschichte, 4. Aufl., Stuttgart 2002, S. 164.

4. Axel Gotthard, Das Alte Reich. 1495–1806, Darmstadt 2003, S. 10.

5. 相关内容参见 Luise Schorn-Schütte, Geschichte Europas in der Frühen Neuzeit 1500–1789, Paderborn 2009, S. 123–128。

6. 详见 Luise Schorn-Schütte, Karl V. Kaiser zwischen Mittelalter und Neuzeit, 3. Aufl., München 2006, S. 26, 29。这本书中包含引文出处和更多参考文献。Johannes Burkhardt, Das Reformationsjahrhundert. Deutsche Geschichte zwischen Medienrevolution und Institutionenbildung. 1517–1617, Stuttgart 2002, S. 137 f 亦提供了相关论据。

7. Franz Brendle, Um Erhalt und Ausbreitung des Evangeliums: Die Reformationskriege der deutschen Protestanten, in: Brendle / Schindling (Hgg.), Religionskrieg, S. 71–92, S. 78.

8. 这里的研究持不同意见，请参阅文献说明。

9. 相关内容参见 Schorn-Schütte, Karl V., S. 62–70。

10. 这个视角终结了"德意志特殊道路"的观点。这是一种涉及全欧洲的现象，请参阅文献说明。

11. Axel Gotthard, Kaiser und Reich, in: Stephan Wendehorst / Siegrid Westphal, Lesebuch Altes Reich, München 2006, S. 80–87.

12. 引文依据 August von Druffel, Beiträge zur Reformationsgeschichte, München 1882, S. 340。

13. 详见 Gotthard, Altes Reich, S. 44–46。

14. 总体参见 Günter Vogler, Europas Aufbruch in die Neuzeit. 1500–1650 (= Handbuch der Geschichte Europas 5), Stuttgart 2003, S. 89 以及 Luise Schorn-Schütte, Geschichte Europas in der Frühen Neuzeit, Paderborn 2009, S. 107 f。

15. 参见 Vogler, Europas Aufbruch, S. 90 f.。

16. 参见 Lodewijk Blok / Klaus Vetter, Die Unabhängigkeitserklärung der Niederlande von 1581, in: Zeitschrift für Geschichtswissenschaft 34 (1986), S. 708–720。

17. 见于 Graham Darby (Hg.), The Origins and Development of the Dutch Revolt, London /

New York 2001。

18. 大量文献中，较新的观点见于 Martin van Gelderen, The Low Countries, in: Howell A. Lloyd / Glenn Burgess / Simon Hodson (Hgg.), European Political Thought 1450–1700, New Haven 2007, S.376–415。

19. 详见 Wolfgang Reinhard, Geschichte der Staatsgewalt. Eine vergleichende Verfassungsgeschichte Europas von den Anfängen bis zur Gegenwart, München 1999, S. 64。

20. 此处也可参见 Ilja Mieck, Die Entstehung des modernen Frankreich, Stuttgart 1982, S. 160, 171 f. 等。

21. 援引出处同上 S. 158 f.。

22. 出处同上，S. 263–266；相关内容参见 S. 266 ff.。

23. Union 代表加尔文主义联盟，Liga 代表天主教同盟。

24. Monarchomachen 意为弑君卫士。

25. 从政治学视角来审视反君权，参见 Henning Ottmann, Geschichte des politischen Denkens. Von den Anfängen bei den Griechen bis auf unsere Zeit. Titelband 3 / 1: Von Machiavelli bis zu den großen Revolutionen, Stuttgart 2006, S. 90 ff.。

26. 尤其见于 Merio Scattola, Das Naturrecht vor dem Naturrecht. Zur Geschichte des "ius naturae" im 16. Jahrhundert, Tübingen 1999，还有 Schorn-Schütte, Geschichte Europas。

27. 参见 Wolfgang Reinhard, Vom italienischen Humanismus bis zum Vorabend der französischen Revolution, in: Hans Fenske (Hg.), Geschichte der politischen Ideen. Von der Antike bis zur Gegenwart. 2. Aufl., Frankfurt / M. 2003, S. 201–316, S. 236– 246。

28. 相关准确内容见于 Ottmann, Geschichte, S. 216 ff. u. ö., 以及 Peter Nitschke, Einführung in die politische Theorie der Prämoderne 1500–1800, Darmstadt 2000, S. 31。

29. Heinz Duchhardt, Europa am Vorabend der Moderne. 1650–1800 (= Handbuch der Geschichte Europas 6), Stuttgart 2003, S. 179.

30. 相关内容请参阅 Peter Wende, Großbritannien 1500–2000, München 2001, S. 117–122, S. 25 ff.，该文献理据充分，且对学界的研究现状作了简要说明。

31. 出处同上，S. 70 f.。

32. 相关内容参见 Kurt Kluxen, Geschichte Englands. Von den Anfängen bis zur Gegenwart, 4. Aufl., Stuttgart 1991, S. 267 f., 以及 Ronald G. Asch, Jakob I. (1566–1625). König von England und Schottland, Stuttgart 2005。

33. 相关内容参见 Wende, Großbritannien, S. 29 ff., 以及 Vogler, Europas Aufbruch, S. 162–171。

34. 参见 Wende, Großbritannien; 以及详见 Wolfgang Reinhard, Staat und Heer in England im Zeitalter der Revolutionen, in: ders., Ausgewählte Abhandlungen, Berlin 1997, S. 193–230。

35. 其他阐释见于 Vogler, Europas Aufbruch, S. 166。

36. 理据充分的研究概述见于 Wende, Großbritannien, S. 126–136。

37. 相关内容参见 Vogler, Europas Aufbruch, S. 168。

38. Wende, Großbritannien, S. 30.

39. 参见 Schorn-Schütte, Geschichte Europas, S. 169 f.。

40. 相关内容见于 Vogler, Europas Aufbruch, S. 203 f., 以及 Reinhard, Geschichte der Staatsgewalt, S. 78 f.。

41. 见于 Gotthold Rhode, Polen-Litauen vom Ende der Verbindung mit Ungarn bis zum Ende der Vasas (1441–1669), in: Handbuch der Europäischen Geschichte, Bd. 3, Stuttgart 1971, S. 1006–1060, S. 1018, 以及 Hagen Schulze / Ina Ulrike Paul (Hgg.), Europäische Geschichte. Quellen und Materialien, München 1994, S. 455。

42. 该描述参见 Vogler, Europas Aufbruch, S. 208–211。

43. 总体参见 Karin Friedrich, Poland-Lithuania, in: Howell A. Lloyd / Glenn Burgess / Simon Hodson (Hgg.), European Political Thought 1450–1700, New Haven 2007, S. 209–242。

44. 参见 Reinhard, Humanismus, S. 247–249。

45. Rhode, Polen-Litauen, S. 1045.

46. 相关内容参见 Arno Strohmeyer, Konfessionskonflikt und Herrschaftsordnung. Widerstandsrecht bei den österreichischen Ständen (1550–1650), Mainz 2006, bes. S. 62–129。

47. 出处同上，S. 63。

48. 出处同上，S. 112。

49. 出处同上，S. 114。

50. 参见 Wolfgang Reinhard, Reformpapsttum, in: ders., Abhandlungen, S. 37–52。

51. 北美的宗教改革史学反对一体化观念，斯科特·H. 亨德里克斯（Scott H. Hendrix）在他的书中（*Recultivating the Vineyard*, Luisville / London 2004）指出，改革者的意图反而是实现社区的基督教化。这也强调了早期基督教传统，这一传统旨在防止三方分裂。

52. 参见 Wolfgang Reinhard, Was ist katholische Konfessionalisierung?, in: ders. / Heinz Schilling, Die katholische Konfessionalisierung, Gütersloh 1995, S. 419–452。

53. 对该问题的简要概述也见于 Vogler, Europas Aufbruch, S. 396–400。

54. 总体内容可参见表述精确、结构分明的 Johannes Burkhardt, Frühe Neuzeit (= Grundkurs Geschichte 3), Königstein / Ts. 1985, S. 142–146。

55. 相应关系参见同上 S. 146。

56. 总体参见 Gotthard, Altes Reich, S. 44–46, S. 88–96, 那里也有这段引文。

57. 此特征见于 Johannes Burkhardt, Deutsche Geschichte in der Frühen Neuzeit, München

2009, S. 53。

58. 参见 Burkhardt, Frühe Neuzeit, S. 165–172。

59. 争论见于 Barbara Stollberg-Rillinger, Was heißt Kulturgeschichte des Politischen, in: dies. (Hg.), Was heißt Kulturgeschichte des Politischen?, Berlin 2005, S. 9–24, hier S. 15 / 16 mit Fußnote 14 和 Thomas Niklas, Politik zwischen Agon und Konsens. Monarchische Macht, ständische Gegenmacht und der Wille zum Zusammenleben im frühneuzeitlichen Europa, in: Hans-Christof Kraus / Thomas Niklas (Hgg.), Geschichte der Politik. Alte und neue Wege (= Beihefte der Historischen Zeitschrift, N. F. 44), München 2007, S. 183–200。

60. 更多内容参见 Sven Externbrink, Internationale Politik in der Frühen Neuzeit. Stand und Perspektiven der Forschung zu Diplomatie und Staatensystem, in: Kraus / Niklas (Hgg.), Geschichte, S. 15–39, S. 28 u. ö.。

61. 相关内容参见 Heinz Schilling, Konfessionalisierung und Staatsinteressen. Internationale Beziehungen 1559–1660 (= Handbuch der Geschichte der internationalen Beziehungen 2), Paderborn 2007, S. 100–190。

62. Wolfgang Reinhard, Einleitung, in: ders. / Julia Zunckel (Hgg.), Römische Mikropolitik unter Papst Paul V. Borghese (1605–1621) zwischen Spanien, Neapel, Mailand und Genua (= Bibliothek des Deutschen Historischen Instituts in Rom 107), Tübingen 2004, S. 1–20, S. 3.

63. 此特征见于 Schilling, Konfessionalisierung, S. 108–119。

64. 其他解释出处同上。

65. 参见 Michael Stolleis, Geschichte des öffentlichen Rechts in Deutschland, 3Bde., München 1988–1999。

66. 参见 Schilling, Konfessionalisierung, S. 161–165; 方法论建议来自 Barbara Stollberg-Rilinger, Die Wissenschaft der feinen Unterschiede. Das Präzedenzrecht und die europäischen Monarchien, in: Majestas 10 (2002), S. 125–150。

67. 参见 Wolfgang Harms, Feindbilder im illustrierten Flugblatt der Frühen Neuzeit, in: Franz Bosbach (Hg.), Feindbilder. Die Darstellung des Gegners in der politischen Publizistik des Mittelalters und der Neuzeit, Köln 1992, S. 141–174。

第五章　近代早期的生活阶段和生活方式

1. 这一概念是受到 Lyndal Roper, Das fromme Haus. Frauen und Moral in der Reformation, Frankfurt / M. 1995 的影响。

2. 这一论点源自 Edward Shorter, Die Geburt der modernen Familie, Hamburg 1977。

3. 参见 Paul Münch, Lebensformen in der Frühen Neuzeit 1500–1800, Frankfurt / M. 1992; Rudolf Lenz, De mortuis nil nisi bene? Leichenpredigten als multidisziplinäre Quelle unter besonderer Berücksichtigung der historischen Familienforschung, der Bildungsgeschichte und der Literaturgeschichte (= Marburg, Univ., Habil.– Schr.), Sigmaringen 1990; 最新的总结见于 K. v. Greyerz, Passagen und Stationen. Lebensstufen zwischen Mittelalter und Moderne, Göttingen 2010。

4. 参见 Wolfgang Reinhard, Lebensformen Europas. Eine historische Kulturanthropologie, München 2004, S. 178; 还可见于 v. Greyerz, Passagen。

5. 此叙述见于 Eva Labouvie, Geburt und Tod in der Frühen Neuzeit. Letzter Dienst und der Umgang mit besonderen Verstorbenen, in: Barbara Duden / Jacques Gélis / Jürgen Schlumbohm / Patrice Veit (Hgg.), Rituale der Geburt. Eine Kulturgeschichte, München 1998, S. 289–307。

6. 总体内容参见 Reinhard, Lebensformen, S. 243 f., 该著作也提供了参考文献。

7. 出处同上，S. 244。

8. 出处同上，S. 244f., 此处列举了早期的相关研究；较新内容参见 Mirjam Neumeister (Hg.), Die Entdeckung der Kindheit. Das englische Kinderporträt und seine europäische Nachfolge [Katalog zur Ausstellung im Städel-Museum, 20. April bis 15. Juli 2007 und in der Dulwich Picture Gallery, 1. August bis 4. November 2007], Frankfurt / M. 2007。

9. 尤其要参阅 Lenz, De mortuis, 它调查了大量以新教葬礼布道为基础的早期家族史研究。

10. 参见同上，S. 58 f.。

11. 参见 Andreas Gestrich, Jugend, in: Enzyklopädie der Neuzeit, Bd. 6, Stuttgart / Weimar 2007, Sp. 163–169, Sp. 166, 该著作列举了早期的研究文献。

12. 参见同上，Sp. 164; 另见 Reinhard, Lebensformen, S. 250。

13. 此称谓出现在较新的文献中，参见同上。

14. 参见 Gestrich, Jugend, Sp. 168。

15. 参见 Peter Borscheid, Geschichte des Alters. Teil I: 16.–18. Jahrhundert, Münster 1987, S. 11–104。

16. Reinhard, Lebensformen, S. 178; 以及 Josef Ehmer / Peter Gutschner (Hgg.), Das Alter im Spiel der Generationen. Historische und sozialwissenschaftliche Beiträge, Wien 2000。

17. Borscheid, Geschichte, S. 20.

18. 参见同上，S. 23; 以及 Lenz, De mortuis, S. 108, S. 111。

19. 博尔舍德（Borscheid, Geschichte, S. 19 f.）也持这样的观点，这恰恰使他原本非常严谨的论文相对化了。

20. 此叙述见于 Josef Ehmer, Hohes Alter, in Enzyklopädie der Neuzeit, Bd. 5, Stuttgart /

Weimar 2007, Sp. 607–613, Sp. 608。

21. 参见 Veronika Thum: dies., "Die zehn Gebote für die ungelehrten Leut". Der Dekalog in der Graphik des späten Mittelalters und der frühen Neuzeit, München 2006，这项重要研究尤其分析了 15 世纪以来对第四条戒律的图像展示。

22. 详见 Gerd Göckenjan, Das Alter würdigen. Altersbilder und Bedeutungswandel des Alters, Frankfurt / M. 2000, S. 36–55。

23. 具体证据参见 Reinhard, Lebensformen, S. 176 f.。

24. 出处同上，S. 179。

25. 相关内容参见 Borscheid, Geschichte, S. 48–53。

26. 参见同上，S. 42 f.。

27. 出处同上，S. 44。

28. 为了区别 Unterschicht 和 unterständische Schicht，参见 Robert von Friedeburg, Lebenswelt und Kultur der unterständischen Schichten in der Frühen Neuzeit (= Enzyklopädie deutscher Geschichte 62), München 2000。

29. 总体参见 Borscheid, Geschichte, S. 67–79。

30. 参见 Göckenjan, Alter, S. 36–150。

31. 不同的评价见于 Borscheid, Geschichte, S. 107 ff.。

32. 不同的评价出处同上，S. 115。

33. Göckenjan, Alter, S. 18.

34. 其他参考文献参见 Claudia Ulbrich, Ehe, in: Enzyklopädie der Neuzeit, Bd. 3 Stuttgart / Weimar 2006, Sp. 38–44。

35. 参见 Andreas Gestrich, Neuzeit, in ders. / Jens-Uwe Krause / Michael Mitterauer (Hgg.), Geschichte der Familie, Stuttgart 2003, S. 364–664。

36. 参见 Thum, Gebote。

37. Vgl. Ulbrich, Ehe, Sp. 41.

38. 参见 Gestrich, Neuzeit, S. 482 ff.。

39. Ulbrich, Ehe, Sp. 43.

40. 信息参见 Peter Burke, Papier und Marktgeschrei. Die Geburt der Wissensgesellschaft, Berlin 2001。

41. Heinz Duchhardt, Europa am Vorabend der Moderne. 1650–1800 (= Handbuch der Geschichte Europas 6), Stuttgart 2003, S. 165 对此作出了充分的论述。

42. 相关内容参见 Richard van Dülmen, Kultur und Alltag in der Frühen Neuzeit. Bd. 3: Religion, Magie, Aufklärung, 16.–18. Jahrhundert, München 1994, S. 168–188。

43. 相关内容也可参见 Notker Hammerstein (Hg.), Handbuch der deutschen Bildungsgeschichte, Bd. 1: 15. bis 17. Jahrhundert. Von der Renaissance und der Reformation bis zum Ende

der Glaubenskämpfe, München 1996。

44. Wolfgang E. J. Weber, Geschichte der europäischen Universität, Stuttgart 2002, S. 89.

45. 相关内容参见同上，S. 71–153。

46. 出处同上，S. 74。

47. 数据参考同上，S. 80 f.。

48. 参见同上，S. 76 f.。

49. 相关内容参见 Barbara Stollberg-Rilinger, Europa im Jahrhundert der Aufklärung, Stuttgart 2000, S. 181–183。

50. 出处同上，S. 187 f.。

51. 参见 Weber, Universität, S. 94。

52. Burke, Papier, S. 67.

53. 相关内容参见 Ronnie Po-Chia Hsia, Gegenreformation. Die Welt der katholischen Erneuerung. 1540–1770, Frankfurt / M., S. 81–85。

54. 参见同上，S. 88。

55. 总体参见 Peter Hersche, Muße und Verschwendung. Europäische Gesellschaft und Kultur im Barockzeitalter, Bd. 1, Freiburg 2006, S. 134–136。

56. 参见 Hsia, Gegenreformation, S. 98。

57. 出处同上，S. 103；以及 Hersche, Muße, Bd. 1, S. 119 f.。

58. 相关内容参见同上，S. 108–113。

59. 相关内容参见 Hsia, Gegenreformation, S. 113–116, sowie Hersche, Muße, Bd. 1, S. 147 f.。

60. 参见 Hsia, Gegenreformation, S. 117–119。

61. 相关内容参见 Günter Vogler, Europas Aufbruch in die Neuzeit. 1500–1650 (= Handbuch der Geschichte Europas 5), Stuttgart 2003, S. 229 f.。

62. 参见 Arnold Angenendt, Toleranz und Gewalt. Das Christentum zwischen Bibel und Schwert, Münster 2008, S. 502; zu den Zahlen in Europa allgemein vgl. John Edwards, The Jews in Christian Europe, 1400–1700, London 1988。

63. 其他文献证据参见 Vogler, Europas Aufbruch, S. 230。

64. 参见 Nikolai Todorov, South East Europe, in: Peter Burke / Halil Fnalcık (Hgg.), History of Humanity. Scientififi c and Cultural Development, Bd. 5: From the Sixteenth to the Eighteenth Century, London 1999, S. 207–215, S. 207 ff.。

65. 出处同上，S. 210 f.。

66. 参见 Franco Cardini, Europa und der Islam. Geschichte eines Missverständnisses, München 2000, S. 199。

67. 也可参见 Hartmut Bobzin, Der Koran im Zeitalter der Reformation, Stuttgart 1995。

68. 参见 Cardini, Europa, S. 244–258。

69. 参见 Angenendt, Toleranz, S. 526–533。

70. 总体参见同上，S. 502–537；引文出处同上，S. 503。

71. 出处同上，S. 504。

72. Alfred Haverkamp, Europas Juden im Mittelalter – Streifzüge, in: Historisches Museum der Pfalz, Speyer (Hg.), Europas Juden im Mittelalter, Ostfifi ldern 2005, S. 17–36, S. 25.

73. Angenendt, Toleranz, S. 513.

74. 出处同上，S. 536。

75. 在 20 世纪末的日常政治辩论中，"民族主义"往往给人负面印象，"爱国主义"则是相对正面的表述，相关证据参见 Alexander Schmidt, Vaterlandsliebe und Religionskonflikt. Politische Diskurse im Alten Reich (1555–1648), Leiden 2007, S. 2 f.。

76. Maurizio Viroli, For Love of County. An Essay on Patriotism and nationalism, Oxford 1997。

77. 参见 Robert von Friedeburg, ‹Patria› und ‹Patrioten› vor dem Patriotismus. Pflichten, Rechte, Glauben und die Rekonfifi gurierung europäischer Gemeinwesen im 17. Jahrhundert 2005。

78. 参见 Luise Schorn-Schütte, Geschichte Europas in der Frühen Neuzeit, Paderborn 2009。

79. 在下文中，笔者会重复参考有关该主题的研究：Schmidt, Vaterlandsliebe，以及 Schorn-Schütte, Luise, Politica christiana: eine konfessionelle oder christliche Grundordnung für die deutsche Nation? in: Georg Schmidt (Hg.), Die deutsche Nation im frühneuzeitlichen Europa, München 2010, S. 245–264。

80. Schmidt, Vaterlandsliebe, S. 29.

81. 出处同上，S. 37。

82. 出处同上，S. 39。

83. 出处同上，S. 55。

84. 参见 Glenn Burgess, Patriotism in English Political thought, 1530–1660, in: Friedeburg, Patria, 215–242。

85. 出处同上，S. 217 f.。

86. 出处同上，S. 227 f.。

87. 出处同上，S. 230 f.。

88. 出处同上，S.239。

89. 这方面的出色研究参见 Arturas Tereskinas, Imperfect Communities. Identity, Discourse and Nation in the 17th Century Grand Duchy of Lithuania, Vilnius 2005。

90. 德语译文援引自 Tereskinas, Communities, S. 113。

第六章 世界的"欧洲化"——欧洲殖民建设的开端

1. 参见 Reinhard Wendt, Vom Kolonialismus zur Globalisierung. Europa und die Welt seit 1500, Paderborn 2007, S. 18。

2. 出处同上，S. 19。

3. 所有准确的概念参见 Jürgen Osterhammel, Kolonialismus. Geschichte – Formen – Folgen, 3. Aufl., München 2001, S. 8–22, hier S. 8。

4. 出处同上，S. 17。

5. 出处同上，S. 21。

6. 引文源自 Günter Vogler, Europas Aufbruch in die Neuzeit. 1500–1650 (= Handbuch der Geschichte Europas 5), Stuttgart 2003, S. 280, Anm. 11。

7. 相关内容参见 Wendt, Kolonialismus, S. 40–49。

8. 相关内容出处同上，ebd., S. 46–49；以及 Wolfgang Reinhard, Kleine Geschichte des Kolonialismus, 2., überarb. u. erg. Aufl., Stuttgart 2008, S. 66–86。

9. 在这一意义上，参见 Wendt, Kolonialismus, S. 49。

10. 参见同上，S. 62–68。

11. 出处同上，S. 63。

12. Urs Bitterli, Alte Welt – Neue Welt. Formen des europäisch-überseeischen Kulturkontakts vom 15. bis zum 18. Jahrhundert, München 1986.

13. Wendt, Kolonialismus, S. 68.

14. 详见同上，S. 116–118；以及 Reinhard, Kolonialismus, S. 40–49。

15. 相关内容参见 Wendt, Kolonialismus, S. 126–129。

16. 相关内容参见 Willy Paul Adams, Die USA vor 1900 (= Oldenbourg Grundriss der Geschichte 28), München 2000, S. 18 f.。

17. Wendt, Kolonialismus, S. 131.

18. 参见 Adams, USA, S. 22。

19. 参见 Wendt, Kolonialismus, S. 131 f.。

20. 参见同上，S. 134。

21. 相关内容参见 Adams, S. 18–22。

22. 相关内容参见 Adams, USA, S. 26–29。

第七章 尾声：1650 年前后的欧洲

1. 基本的文献参见 Michael Stolleis, Staat und Staatsräson in der frühen Neuzeit. Studien zur Geschichte des öffentlichen Rechts, Frankfurt / M. 1990；以及 Herfried Münkler,

Im Namen des Staates. Die Begründung der Staatsraison in der frühen Neuzeit, Frankfurt / M. 1987。研究中对这两个概念都进行了深入讨论。这里所列举的阐释更强调近代早期发展道路的不同可能性。

2. 参见 Luise Schorn-Schütte, E. Troeltschs "Soziallehren" und die gegenwärtige Frühneuzeitforschung。关于路德宗和加尔文宗对现代世界形成的重要性，参见 Friedrich Wilhelm Graf / Trutz Rendtorff (Hgg.), E. Troeltschs Soziallehren. Studien zu ihrer Interpretation, Gütersloh 1993 (= Troeltsch-Studien 6), S. 133–151。

3. 参见 Franz Brendle, Um Erhalt und Ausbreitung des Evangeliums: Die Reformationskriege der deutschen Protestanten, in:Brendle, Franz / Schindling, Anton (Hgg.), Religionskriege im Alten Reich und in Alteuropa, 2. Aufl., Münster 2010, S. 71–92；国家建构战争的概念受到约翰内斯·布克哈特（Johannes Burkardt）的影响: ders., Die Friedlosigkeit der Frühen Neuzeit. Grundlegung einer Theorie der Bellizität Europas, in: Zeitschrift für Historische Forschung 24 (1997), S. 509–574。

4. 参见 Heinz Schilling, Konfessionalisierung und Staatsinteressen. Internationale Beziehungen 1559–1660 (= Handbuch der Geschichte der internationalen Beziehungen 2), Paderborn 2007, S. 593–597；关于新教对三十年战争的看法，参见 Thomas Kaufmann, Dreißigjähriger Krieg und Westfälischer Friede. Kirchengeschichtliche Studien zur lutherischen Konfessionskultur, Tübingen 1998。

5. Reinhard Wendt, Vom Kolonialismus zur Globalisierung. Europa und die Welt seit 1500, Paderborn 2007, S. 104.

6. Wendt, Kolonialismus, S. 106.

图表说明

（按图表在正文中出现顺序排列）

人名索引

此处只编排正文中出现的人名，未罗列脚注和文献说明中的人名。正文提到的研究者姓名用斜体表示。

地名索引

（此部分页码为德文原书页码，即本书页边码）

此处只编排正文中出现的地名，未罗列脚注和文献说明中的地名。"欧洲"词条下仅列出此概念指示欧洲"整体"时所在的页码。若某地名未在文中单独出现，仅充当历史名词的组成部分（例如《奥格斯堡宗教和约》、"卡匹尔战争"），则本索引暂作省略。

图书在版编目（CIP）数据

宗教战争与欧洲的扩张：1500～1648年的欧洲 /
（德）路易丝·朔恩-许特著；郭翕慈译. -- 北京：社
会科学文献出版社, 2024.11
（贝克欧洲史）
ISBN 978-7-5228-3609-6

Ⅰ. ①宗… Ⅱ. ①路… ②郭… Ⅲ. ①欧洲－历史－
1500-1648 Ⅳ. ①K504

中国国家版本馆CIP数据核字（2024）第087865号

审图号：GS（2024）4117号

·贝克欧洲史·

宗教战争与欧洲的扩张：1500~1648年的欧洲

著　　者 / 〔德〕路易丝·朔恩-许特（Luise Schorn-Schütte）
译　　者 / 郭翕慈

出 版 人 / 冀祥德
组稿编辑 / 段其刚
责任编辑 / 陈嘉瑜
文稿编辑 / 张　香
责任印制 / 王京美

出　　版 / 社会科学文献出版社·教育分社（010）59367151
　　　　　 地址：北京市北三环中路甲29号院华龙大厦　邮编：100029
　　　　　 网址：www.ssap.com.cn
发　　行 / 社会科学文献出版社（010）59367028
印　　装 / 北京盛通印刷股份有限公司

规　　格 / 开　本：889mm×1194mm 1/32
　　　　　 印　张：7.125　字　数：178千字
版　　次 / 2024年11月第1版　2024年11月第1次印刷
书　　号 / ISBN 978-7-5228-3609-6
著作权合同 / 图字01-2018-7840号
登 记 号
定　　价 / 62.00元

读者服务电话：4008918866